ESSAI

SUR LA COMPOSITION

D'UN

NOUVEL ALPHABET.

« Nos Alphabets, vu leurs défectuosités et le mauvais usage
que nous en faisons, c'est-à-dire nos vicieuses orthographes,
méritent encore à peine le nom d'écriture. Ce ne sont réellement que de maladroites tachygraphies, qui figurent tant bien
que mal ce qu'il y a de plus frappant dans le discours, et en
laissent la plus grande partie à deviner, quoique souvent elles
multiplient les signes sans utilité comme sans motif. »
DESTUTT DE TRACY, *Grammaire*, page 354.

IMPRIMERIE DE AMB. FIRMIN DIDOT,
RUE JACOB, N° 24.

ESSAI

SUR LA COMPOSITION

D'UN

NOUVEL ALPHABET,

POUR SERVIR
A REPRÉSENTER LES SONS DE LA VOIX HUMAINE,
ET LEURS DIVERSES MODIFICATIONS, AVEC BEAUCOUP PLUS DE FIDÉLITÉ
QUE PAR TOUS LES ALPHABETS CONNUS ;

Suivi de l'esquisse d'une nouvelle Prosodie, dans laquelle on indique un moyen très-commode pour noter jusqu'à 125 modifications diverses de la même voix ; ce qui pourrait rendre la lecture d'une langue quelconque, comme la musique, aussi fidèlement lisible à Pékin qu'à Paris.

Avec des aperçus sur les avantages qu'on pourrait retirer du nouvel Alphabet, et sur le moyen de parvenir à former un véritable Alphabet universel.

PAR S. FAURE.

A PARIS,

CHEZ FIRMIN DIDOT FRÈRES, LIBRAIRES,

RUE JACOB, N° 24.

M DCCC XXXI.

ESSAI PRÉLIMINAIRE.

Il est un pays immense par son étendue, dont
la fertilité surpasse de beaucoup tout ce que l'imagination la plus brillante peut concevoir. Mais par
une fatalité attachée à toute l'espèce humaine, là
comme ailleurs on trouve deux espèces d'hommes, des bons et des méchants. Les premiers sont
actifs, humains, hospitaliers, et ils cherchent à
pénétrer toujours plus avant dans les terres dont
les limites sont inconnues, parce qu'ils découvrent
toujours plus de richesses et de bonheur, et qu'ils
désirent sincèrement qu'un plus grand nombre
de personnes puissent marcher de front avec eux,
afin de pouvoir mieux y pénétrer, y faire d'utiles
découvertes, et par conséquent jouir et faire jouir
les autres de la plus grande somme de biens que
l'homme puisse désirer. La seconde espèce d'hommes que l'on y rencontre, sont paresseux, méchants, envieux et jaloux même des biens qu'ils
ne connaissent pas. Ils préfèrent vivre en misé-

rables, se tenir à l'entrée de ce superbe pays pour détruire les bonnes routes, égarer et détrousser les voyageurs dont ils se font hypocritement les guides pour mieux les tromper, et parviennent ainsi à empêcher des milliers de personnes d'aller recueillir des biens dont ils ne veulent point profiter eux-mêmes.

Ce véritable Eldorado pourrait aisément recevoir tout le genre humain; mais les méchants qui en interdisent l'entrée sont puissants, en grand nombre, et, comme de vrais démons, ne sont actifs que pour faire le mal; tandis que les personnes qui pourraient en bien frayer la route se tiennent dans l'intérieur des terres où ils exploitent largement tous les biens qui les délectent, et tout en regrettant qu'un plus grand nombre ne puisse en jouir comme eux, ils oublient les peines qu'ils ont eues pour en franchir les frontières. A peine en voit-on quelques-uns rétrograder pour venir en faciliter l'entrée à d'autres.

Ce superbe pays est celui des connaissances utiles. La vérité et la science y règnent en souveraines bienfaisantes, et jamais en despotes; elles y sont sans cesse occupées de procurer à leurs sujets l'aisance et la vertu. Si j'avais eu le bonheur d'y pénétrer plus avant, j'y serais resté sans doute, et ne m'occuperais point aujourd'hui de vouloir frayer aux autres la route la plus sûre et néanmoins la plus négligée que je connaisse pour y arriver. En effet, l'homme qui est si ingénieux, tant dans l'art dangereux de la guerre, que dans les arts d'agrément, de luxe et de frivolité, a laissé, pour ainsi dire, dans son enfance, la plus heureuse comme la plus belle de ses découvertes, l'invention de l'alphabet, cet art divin qui a si puissamment contribué à le tirer de l'état de misère, d'ignorance et de barbarie où il était plongé. « L'homme qui est tenté aujourd'hui, comme le dit « Volney, de mépriser ces petits pieds de mou- « ches (les lettres), que saurait-il sans eux? Que « seraient sans eux nos relations dans le com- « merce, nos bibliothèques, nos précieux recueils « de lois, nos livres de morale, de mathémati- « ques, de physique, de poésie, nos dictionnaires, « nos imprimeries, nos manuscrits? Que serait le « langage lui-même, quand nos grammairiens ont « démontré qu'il n'a dû son développement qu'à « l'heureuse invention des signes fixes, par qui la « mémoire vacillante et fugace s'est fait un solide « et permanent appui? » (Volney, t. VIII, pag. 20.)

Si l'écriture, cette admirable invention, a produit tant d'heureux résultats pour l'homme, que n'aurait-elle point fait, si, semblable à l'art de la navigation, elle se fût perfectionnée et répandue en l'enrichissant beaucoup plus qu'elle n'a fait de la culture des sciences physiques et morales qui contribuent toutes à son bonheur, comme la navigation s'est perfectionnée en l'enrichissant de biens qui souvent le dépravent! Mais la curiosité, le désir des richesses, la crainte d'un ennemi, les dangers d'un naufrage, ont dû être naturellement pour le faible mortel un plus puissant motif de perfectionner un art le plus souvent dangereux, que le désir d'être utile aux générations futures n'a pu l'être à ses yeux pour perfectionner un art pacifique auquel il doit tant de choses.

Il faut en convenir : malgré ses protestations en faveur de la postérité, l'homme qui invente ou perfectionne, est pressé de jouir de suite du fruit de son invention, et ce n'est même que lorsqu'il éprouve un besoin pressant qu'il invente ou perfectionne. Ceci nous explique assez pourquoi l'art de représenter fidèlement les sons de la voix n'a point été perfectionné malgré son extrême utilité : c'est que celui qui s'en serait occupé, n'aurait vraisemblablement pas profité lui-même des avantages de ce perfectionnement, tandis que les inventions les plus frivoles ont souvent valu à leur auteur fortune et considération, en procurant de nouveaux plaisirs à quelques oisifs contemporains.

La marche de l'esprit humain peut se comparer

à la marche progressive de l'esprit d'un homme,
qui dans son enfance estime plus les choses qui
l'étonnent, qui l'amusent, que celles qui lui sont
utiles; mais qui, parvenu à l'âge de raison, apprend à n'estimer les choses que d'après leur valeur réelle; avec cette différence que l'esprit de
l'individu vieillit, et que l'esprit humain en général n'est point rétrograde, surtout dans les sciences
utiles (1): car depuis l'invention de l'imprimerie
il semble destiné à toujours croître et à ne jamais reculer vers l'enfance, dont il semble n'être
sorti que de nos jours: il y a peu de temps encore
(sous le règne de Louis XIV) qu'il n'accordait
son admiration qu'aux choses fastidieuses et rui-
neuses, telles que les jardins et les palais de Versailles; et maintenant son admiration se porte de

------

(1) On a vu chez plusieurs peuples, même chez ceux de la plus
haute antiquité, les beaux-arts parvenir au plus haut période,
puis demeurer dans l'oubli pendant des siècles, pour ressus-
citer encore au milieu des richesses et par l'effort seulement
de quelques grands génies. On pouvait, il y a trois mille ans,
naître peintre, sculpteur ou musicien par excellence, mais non
pas mathématicien comme Lacroix, chimiste comme Thénard,
ou physicien comme Laplace; il a fallu le concours des siècles,
les observations d'un grand nombre d'hommes éclairés, et
surtout l'imprimerie, pour faire faire des progrès aux sciences
utiles.

préférence sur les choses utiles, telles que les grandes routes, les canaux, les chemins de fer, et les progrès en tous genres de l'industrie manufacturière, qui procure l'aisance aux peuples, et accroît en même temps la force et la richesse des nations.

Pour prouver cette vérité consolante que l'esprit humain n'est point rétrograde, je vais présenter à mes lecteurs une esquisse des progrès de cet esprit, mais seulement dans l'art de communiquer les idées.

A peine réunis en société, les hommes sentirent vivement le besoin de se communiquer leurs idées les uns aux autres. Les peuples même les plus sauvages trouvèrent dans leurs organes un moyen très-commode pour échanger de près leurs pensées diverses; ce moyen, c'est la parole, ou les divers sons de la voix humaine. Mais lorsque leurs connaissances et leurs relations se furent accrues, que les peuples eurent fait quelques pas vers la civilisation, ils sentirent alors le besoin de se transmettre à de grandes distances, comme aussi de faire passer aux générations futures, leurs connaissances et leurs lois : et de là deux inventions bien remarquables et bien différentes. La première eut lieu chez les Égyptiens, les Chinois et les Mexicains; c'est celle des signes hiéroglyphiques qui représentent directement les idées. La seconde est attribuée aux Phéniciens; c'est celle des lettres alphabétiques ou de l'écriture qui représente les divers sons de la voix. Cette dernière méthode a généralement prévalu sur la première, l'expérience des temps l'a sanctionnée, et l'invention la plus heureuse par ses résultats, l'imprimerie, est venue dans ces derniers siècles s'adjoindre à l'écriture, l'a fécondée d'une manière prodigieuse, et a ainsi puissamment contribué à répandre et accroître les connaissances humaines, qui jadis étaient restreintes et ne pouvaient être qu'à la portée d'un petit nombre d'hommes. De nos jours on ne connaît guère que les Chinois qui aient conservé la méthode hiéroglyphique; car la pasigraphie, invention toute récente, qui représente directement les idées, ne semble point faite pour être jamais usitée; et quant aux quipos, jadis en usage chez les Péruviens, on est tenté de croire que l'intelligence en est totalement perdue et que nous ne verrons jamais un savant nous en donner la clef, comme vient de faire M. Champollion jeune pour les hiéroglyphes égyptiens.

En avançant toujours dans la carrière de la civilisation, les peuples modernes ont senti de nouveaux besoins, et l'art de communiquer les idées a fait encore de nouveaux progrès; on a d'abord inventé ou perfectionné les signaux sur mer; et par les télégraphes, invention très-ingénieuse, on a trouvé le moyen de communiquer sur terre la pensée en quelques minutes, et cela à de grandes distances. Les signes mimiques, ou pour mieux dire une langue nouvelle a été créée pour faire participer aux bienfaits de l'instruction des êtres disgraciés de la nature. Mais entre toutes les nouvelles inventions de ce genre une des plus nouvelles comme des plus utiles est certainement la prompte écriture : ce moyen merveilleux de fixer la parole aussitôt qu'elle est émise, rend tous les jours, sous les noms de sténographie, de tachygraphie, etc., les services les plus éminents. Jointe à la mnémotechnie, invention encore plus nouvelle, la prompte écriture peut faire faire à la jeunesse studieuse des progrès étonnants; et au moyen de ces deux méthodes abréviatives on peut se promettre d'atteindre en bien moins de temps qu'autrefois les bornes des connaissances humaines, bien que celles-ci aient été considérablement reculées et qu'elles semblent pouvoir l'être encore.

En laissant à part les écritures hiéroglyphiques, pasigraphiques, sténographiques, les signaux à l'usage de la marine, des télégraphes et des sourds-muets, nous trouvons encore dans l'art merveilleux de communiquer nos pensées aux autres, deux branches principales et plus importantes que toutes celles que nous venons de nommer, parce qu'elles en sont le fondement.

L'art de parler est la première de ces deux branches : c'est par la grammaire et la rhétorique que nous apprenons à connaître les principes de cet art, et cela suivant les caprices de chaque langue auxquels il faut nécessairement se conformer pour pouvoir être compris. Cette première branche, la plus essentielle de toutes, ne peut être perfectionnée que par les meilleurs écrivains des nations chez lesquelles on trouve une grande somme d'idées et de connaissances, et après qu'on a levé les obstacles de l'usage et de mots dont la valeur est rarement bien déterminée. On ne peut raisonnablement espérer de bien connaître l'art de communiquer fidèlement ses pensées aux autres, ou l'art de parler, que lorsqu'on connaîtra bien l'art de penser ; mais celui-ci est négligé, méprisé même, comme un enfant robuste et de bon cœur, mais peu favorisé des graces, est méprisé par sa mère, tandis qu'elle chérit ordinairement le petit beau diseur qui, en jeune Escobar, est brouillon, méchant, mauvais sujet, mauvais frère et mauvais fils.

L'art d'écrire est la seconde branche de l'art de communiquer ses pensées; c'est de cet art que je me propose de traiter dans le cours de cet ouvrage : mais par l'art d'écrire il ne faut pas entendre ici l'art de phraser, il faut entendre l'art de représenter avec fidélité par des signes permanents les divers sons de la voix humaine. (On pourrait appeler cet art *la sonographie.*) On conçoit alors que l'écriture doit être entièrement subordonnée à la parole, qu'elle doit en être pour ainsi dire la peinture; et comme un portrait est d'autant plus ressemblant alors qu'il représente plus fidèlement tous les traits d'une personne, de même l'écriture sera d'autant plus parfaite qu'elle représentera plus fidèlement les diverses modifications de la parole au moyen de signes convenus et en nombre suffisant. J'espère par cet ouvrage convaincre le lecteur que l'écriture, ce précieux dépôt de toutes nos connaissances, peut être facilement perfectionnée par des moyens combinés pour ainsi dire d'une manière mathématique; et cependant, loin d'avoir été perfectionnée, ses principes se sont embrouillés chez les deux nations du monde les plus industrieuses et les plus savantes. En Angleterre et en France, l'écriture n'est plus aussi bien, que chez quelques autres nations européennes, la représentation fidèle des sons, la langue parlée. C'est un salmigondis de prononciations passées et présentes qui forment pendant trop long-temps une barrière d'airain pour la jeunesse. La lecture devient alors l'art le plus difficile, le plus bizarre; et les enfants les plus intelligents sont souvent rebutés d'une semblable étude qui obscurcit leur raison naissante, et leur donne une opinion bien faible des connaissances des hommes. Parmi les auteurs qui se sont occupés d'instruction, les plus judicieux ont été frappés de ces vérités; Dumarsais, Duclos, Delaunay, Dangeau, Buffier, Domergue, Condillac, Wailly, etc., presque tous les grammairiens se sont plaints de l'insuffisance de notre alphabet, et se sont récriés contre la bizarrerie de notre orthographe; mais aucun d'eux n'a établi sur ce point d'aussi solides principes de réforme que MM. Volney et Destutt de Tracy; le premier dans son Alphabet européen, et le second dans sa grammaire générale.

Que le lecteur pardonne à ma témérité si je joins ici ma pensée à celle de savants et de philosophes si célèbres : ce n'est point le désir de m'égaler à eux, ni la vaine ambition d'être auteur, c'est l'amour paternel privé de l'objet de ses plus chères affections (1), plus encore que quelques

____

(1) Par la mort de ma chère A......, mon premier enfant.

idées acquises sur le sujet que je traite, qui m'imposa fortement le besoin d'écrire; et d'abord, sans songer à rendre mon travail public, je confiai au papier des pensées que je croyais être d'une utilité générale; mais je ne tardai pas à m'apercevoir que la tâche était au-dessus de mes forces : je pris alors le parti de faire la recherche des ouvrages qui pourraient m'éclairer dans cette route, et je désirais surtout en rencontrer un où fussent développés les meilleurs principes sur l'art de représenter fidèlement les divers sons de la voix par l'écriture. Un semblable livre, en m'épargnant la peine de composer le mien, m'eût fait goûter une bien douce satisfaction. J'avoue pourtant que les ouvrages de MM. Volney et Destutt me firent grand plaisir. L'un et l'autre démontrent, avec cette supériorité de raison qui caractérise leurs écrits, l'avantage immense qu'il y aurait à se servir d'un alphabet perfectionné. La lecture de ces auteurs m'encouragea autant qu'elle me servit, et je crus un moment avoir trouvé dans la grammaire de M. Destutt le livre que je cherchais. Mais je fus bientôt détrompé : cet écrivain ne s'est

---

Elle commençait à apprendre à lire : étude la plus difficile! et les bonnes institutrices pour la première enfance sont aujourd'hui si rares!

occupé de la matière pour ainsi dire qu'en passant; et quoiqu'il analyse bien mieux les sons qu'aucun de ceux qui l'ont précédé, il n'a pas tout vu, ou du moins il a omis des choses essentielles. Comme j'ai médité long-temps sur ce sujet, et peut-être plus que personne, j'ai bien le droit de me flatter d'avoir découvert des vérités utiles, et d'espérer par conséquent que mon travail sera plus complet qu'aucun de ceux qui l'ont précédé : sans cette persuasion je ne me serais point permis d'écrire.

Il n'est pas inutile de tracer ici l'aperçu de la marche que j'ai suivie. Je commence d'abord par donner une idée claire et précise de l'état actuel de l'écriture; je présente ensuite une esquisse du mécanisme des sons de la voix humaine. Je passe à la description des voix ou des sons les plus simples, et j'en donne la définition. Pour rendre plus sensible l'analyse des sons, je me figure souvent un mécanicien qui veut construire un automate parlant, et qui épie les formes et les mouvements différents de ses organes : comparaison par laquelle je parviens, ce me semble, beaucoup mieux à expliquer ce qu'on entend par les articulations que je nomme *prévoix*. J'en trouve de quatre espèces. Je donne des noms d'une valeur fixe aux trois premières; je décris ensuite les di-

verses formes consonnes, et je donne la définition
de ce mot, qui forme la quatrième espèce de prévoix ou d'articulations. En faisant encore l'analyse
du son, je le trouve modifié par la forme, l'expiration et la durée; de ces trois qualités, deux seulement avaient été remarquées par M. Destutt : et
enfin je termine la première partie par la composition d'un nouvel alphabet approprié aux besoins
de la langue française.

Dans la deuxième partie je m'attache à faire
connaître les valeurs différentes et bien distinctes
des deux mots *son* et *syllabe;* après quoi j'ai cru
nécessaire de donner de nouveaux développements
à mes principes, et de les comparer avec ceux
des principaux grammairiens qui se sont occupés
de ce sujet : ce qui forme une suite d'observations
intéressantes sur les voix, les diphthongues, les
consonnes simples, doubles, etc., etc. On remar-
quera peut-être que dans toutes ces questions je
suis rarement de l'avis des autres, surtout lorsque
j'exclus l'aspiration, les *ll* et *gn* mouillés du rang
des consonnes. Ce n'est pas que j'aie pu me ré-
sondre sans répugnance à n'être pas de l'avis de
tant de grammairiens philosophes, mais j'ai dû
écrire selon ma conscience. Enfin, après avoir divisé les syllabes composées en quatre espèces, j'enseigne la manière de les écrire tant dans les mots

isolés que dans les mots liés entre eux dont se compose le discours. Dans cette seconde partie j'ai tâché d'aller au-devant de toutes les objections, afin que dans aucun cas possible on ne soit embarrassé de représenter fidèlement tous les sons de la voix humaine, au moyen de la nouvelle écriture que je propose. Et afin de ne rien omettre, je joins à celle-ci l'esquisse d'une nouvelle prosodie entièrement de mon invention; prosodie qui paraîtra peut-être bien étrange aux uns, et inutile aux autres. Je laisse aux personnes non prévenues le soin de la juger. Quant à moi, qui la crois utile et qui y tiens beaucoup, je dois m'abstenir ici d'en dire tout le bien que j'en pense.

Sans espérer de voir jamais substituer la nouvelle écriture que je propose à l'écriture d'usage, j'examine dans la troisième partie quels seraient les avantages que l'on pourrait retirer dès à présent d'un alphabet perfectionné, et je trouve 1° qu'il serait très-avantageux de s'en servir pour faciliter les principes de lecture d'après les caractères et l'orthographe généralement usités; 2° qu'il serait également utile pour noter la vraie prononciation des mots dans un dictionnaire de la langue, comme aussi pour composer un dictionnaire de prononciation, dans lequel on prendrait pour point de départ les nouveaux caractères, ou la prononciation réelle des mots suivis de leurs équivalents selon la méthode commune ; 3° et enfin il me semble qu'il serait très-avantageux de se servir d'un alphabet perfectionné pour noter les prononciations diverses de tous les peuples de la terre, en y ajoutant, quand il le faudrait, de nouveaux caractères, ce qui constituerait un véritable alphabet universel ; projet formé et développé par MM. Volney et Destutt, comme devant être d'un grand secours pour accélérer la civilisation de tous les peuples.

Je ne prétends offrir au public qu'un essai, car mon sujet est assez vaste pour fournir la matière de plusieurs volumes : je n'ai fait qu'effleurer plusieurs questions que j'aurais entrepris d'approfondir, si le temps ne m'avait manqué, et plus encore les connaissances requises. Je suis persuadé que parmi le grand nombre de savants philanthropes qui regardent l'instruction comme le plus grand bien des peuples et le plus ferme appui des trônes, il en est plus d'un qui pourrait traiter cette matière mieux que moi : c'est à ceux-là que je soumets mon travail ; et si les principes que j'établis trouvent parmi eux des contradicteurs, la science ne pourra qu'y gagner ; car, ainsi qu'on l'a dit tant de fois, c'est du choc des opinions que jaillit la vérité. La description que je donne des diverses formes que prennent nos organes lorsque nous voulons prononcer telles ou telles voix ou consonnes, prêtera peut-être au ridicule et rappellera quelques scènes du *Bourgeois gentilhomme*. J'avoue que ce n'est point là un sujet qui puisse prêter des charmes à une séance académique; mais comme je ne prétends point avoir toujours raison, ni briller par le style, je prie mes lecteurs d'être indulgents pour mon ouvrage en faveur de mon intention : servir utilement la société, est le seul mérite que j'ambitionne. Qu'un autre se présente et fasse beaucoup mieux, c'est ce que je souhaite; je serai suffisamment récompensé de mes peines si je puis contribuer aux progrès d'un art si nécessaire au bonheur des hommes, et néanmoins si négligé.

Quelques personnes dont les sentiments et la bonne foi sont également respectables, ne croiront pas facilement à l'utilité d'un alphabet perfectionné. Elles pensent que notre alphabet et notre orthographe sont ce qu'ils doivent être. Nous engageons ces personnes à vouloir bien éclairer leur jugement par la lecture de l'alphabet de Volney et de la grammaire de M. Destutt; mais il est des gens qui, par un tout autre motif, contesteront la nécessité de ce perfectionnement. Ce sont ceux dont parle M. A.-C. Renouard dans ses

Considérations sur les lacunes de l'éducation secondaire en France (pag. 8); « ceux qui, dit-il, « présentent comme utile l'ignorance d'une par- « tie du genre humain, et veulent qu'on laisse « périr dans leur germe intellectuel et moral tant « de citoyens pour la patrie, d'hommes pour « l'humanité, de chrétiens pour la religion. » Il existe malheureusement des écrivains prônés par certaines gens, qui partagent ces opinions impies. Les uns voudraient sans doute voir les Français divisés en sept ou huit castes, comme les Indiens; puisqu'ils établissent déja, dans leurs écrits, une séparation entre la classe agricole et la classe industrielle, en s'efforçant de ravaler celle - ci, comme si toute espèce de travail n'était pas de l'industrie; et comme si le producteur, dans quelque classe qu'il se trouve, n'était pas plus utile que celui qui consomme et ne produit rien ou ne produit que de mauvaises pensées. D'autres voudraient, sans doute, nous voir aussi misérables que les Espagnols, puisqu'ils ont osé se plaindre qu'on produit trop (1). Ils ne voient donc pas,

---

(1) C'est bien à tort que tant de personnes sont prévenues contre les progrès de l'industrie, et qu'elles attribuent à l'accroissement des productions les misères de la classe ouvrière, telle qu'on la voit de nos jours en Angleterre : il est impossible

ces micromates, que sans les productions innombrables de l'industrie qui ne peuvent se maintenir

---

que cet accroissement puisse engendrer la misère. Celle-ci a d'autres causes chez la nation anglaise; car les productions n'augmentent qu'autant que la consommation s'accroît. Si un homme du quatorzième siècle voyait de nos jours les perfectionnements immenses de l'industrie, il serait, à coup sûr, aussi étonné que nous le serions vraisemblablement nous-mêmes si nous reparaissions dans quelques siècles : car qui peut assigner un terme à la perfectibilité humaine ? Et cependant cet homme du quatorzième siècle dirait-il qu'on produit trop, parce qu'il ne verrait ni peste, ni famine, ni autant de pauvres et de voleurs que de son temps? N'est-il pas évident qu'une nation grande et puissante comme la France, si son commerce était favorisé à l'extérieur, pourrait produire infiniment plus que l'Angleterre, qu'elle surpasse en population, en étendue et en fertilité, sans que l'augmentation de ses produits nuisît en rien au bonheur de ses habitants? Car en supposant qu'elle fût parvenue au plus haut degré de perfectionnement, dans l'industrie agricole et manufacturière, il en résulterait qu'une population bien plus nombreuse pourrait non-seulement pourvoir avec plus de facilité à tous ses besoins, et même à son luxe, mais encore qu'elle aurait plus de temps à donner à l'état, soit dans les travaux publics, soit dans le service militaire; plus de temps à donner à la production des objets d'échange avec l'étranger; plus de temps à donner aux études, aux lettres et aux beaux-arts; et qu'enfin un pays semblable serait, par toutes ces causes, à la fois plus riche et plus fort, et peuplé de meilleurs sujets qu'un pays voué, comme l'Espagne, à la fainéantise et à la et s'accroître que par l'instruction répandue dans toutes les classes, la France ne serait ni aussi riche, ni aussi peuplée, ni par conséquent aussi forte : qu'elle ne pourrait pas payer un milliard d'impôts, et qu'eux-mêmes ne seraient point aussi largement rétribués. L'état si différent où sont parvenues l'Angleterre par son travail, l'Espagne par sa fainéantise, ne les frappe point. Il semble que toute l'expérience des siècles soit perdue pour eux. D'où provient tant d'aveuglement? Il provient de leur égoïsme : ils veulent être gens à privilége, le pouvoir les flatte, la cupidité les excite, la paresse les retient; et pour mieux satisfaire leurs désirs, ils ne voudraient voir devant eux que des ignorants et des malheureux; parce qu'il faut de toute nécessité être instruit et équitable pour commander à des hommes instruits.

Mais, dira-t-on, de quoi nous entretenez-vous? De la nécessité de l'instruction : n'est-ce pas là une question déja résolue par les meilleurs esprits,

---

mendicité. Et il faudrait que ce pays fût bien mal gouverné, si au milieu de l'abondance générale, les gens laborieux y manquaient du nécessaire. Il n'y a donc que des vampires, dont l'existence et la supériorité sont fondées sur l'ignorance et les misères publiques, qui peuvent s'écrier *qu'on produit trop !*

par les plus grands philosophes, comme par les meilleurs chrétiens de tous les temps et de tous les pays? N'ont-ils pas prononcé que l'instruction était favorable aux bonnes mœurs, que le travail de l'homme est la source de son indépendance comme de ses vertus; tandis que l'oisiveté est la source de tous les vices? On a honte, en vérité, d'être obligé de faire l'éloge de l'instruction, aussi-bien que de voir la célébrité qu'usurpent de nos jours trois ou quatre auteurs qui se sont attelés au char de la raison pour le tirer en arrière. Ces chefs d'obscurantins sont les oracles des hommes à privilége, et même de quelques personnes estimables et de bonne foi, qui les croient avec trop de facilité : c'est surtout à celles-ci que je m'adresse, car je ne puis résister au besoin que j'éprouve en cette occasion de dire ma façon de penser. D'ailleurs l'instruction se rattache trop au sujet que je traite, pour ne pas m'y croire, en quelque sorte, autorisé. Il est des questions sur lesquelles le bon sens nous en dit plus que tous les livres; et pour peu que l'on connaisse l'histoire et les mœurs des nations, on est forcé de convenir que les peuples les moins instruits sont ordinairement les plus méchants, les plus féroces; que les crimes sont devenus plus rares chez toutes les nations euro-péennes à mesure que l'instruction s'est plus répandue chez elles. On se demande même : comment peut-il se faire que l'instruction ait des adversaires? et comment se fait-il surtout que des gens instruits condamnent l'instruction comme portant de mauvais fruits? Ne semblent-ils pas se condamner par leurs propres paroles, et s'accuser eux-mêmes de perversité?

On doit pardonner au rustre campagnard et à l'artisan laborieux qui, guidés par le bon sens et les bons exemples, trouvent du plaisir à être bons fils, bons pères et bons époux, et qui ne remarquant pas toujours ces qualités chez les personnes qui passent pour instruites, s'imaginent que l'instruction est nuisible; ils la voient nuisible chez ce curé, estimable d'ailleurs, qui par trop de zèle est parvenu à brouiller ses paroissiens autrefois d'accord, en montrant au doigt de prétendus jansénistes; ils la voient nuisible même chez leurs frères, qui après avoir passé leur jeune âge au petit séminaire ou dans le greffe du palais ne valent plus rien pour le travail, et faute de réunir assez de fortune, d'intelligence et de conduite pour devenir prêtres ou avocats, n'ayant que beaucoup de désirs, et le plus souvent quelques vices, sont malheureux toute leur vie, et n'ont plus guère d'autre espoir que de remplir les cadres de la police ou des octrois. On peut dire à ces bonnes gens : Vous condamnez l'instruction chez des personnes qui en manquent réellement dans les deux choses les plus essentielles, l'amour du travail et la science de la vie : l'amour du travail même pour les gens riches, parce qu'ils peuvent devenir pauvres ; la science de la vie pour tous les hommes en général, parce que sans la connaissance de la morale et la pratique des devoirs, on ne peut mettre un frein à ses passions, on ne peut être heureux. C'est faute de connaître ces deux choses si importantes qu'un grand nombre de personnes peu à leur aise et aveuglées en même temps sur les dispositions de leurs enfants, se gênent dans leurs affaires pour les tenir sur les bancs de l'école jusqu'à vingt ans, pourvoient à leurs besoins jusqu'à trente, et cela pour en faire de mauvais avocats ou de mauvais médecins ; mieux vaudrait cent fois en faire d'honnêtes artisans. Mais quand on a pris une fois la morgue et la fierté des enfants de la basoche, ou de nos modernes Esculapes, on préfère courir la chance de manquer du nécessaire, plutôt que d'embrasser une profession utile dans laquelle on pourrait briller sans nuire à personne et en se procurant toutes les commodités de la vie. L'avocat sans causes, le médecin sans malades, dénués l'un et l'autre de fortune, ne sont-ils pas toujours disposés à se réjouir des misères de la société qui les font vivre, et ne sont-ils pas malheureusement intéressés à les voir s'accroître? Il est des avocats qui n'ont d'autre talent que la ruse, d'autre morale que celle des intérêts, et à qui il suffit pour bien vivre d'avoir trois ou quatre procès par an : tant ils connaissent l'art d'allonger, d'entortiller, ou pour mieux dire de tromper !

Tels sont les résultats d'une éducation fausse ou incomplète ; si les gens instruits superficiellement sont capables de vices, ils le sont rarement de crimes ; tandis que l'ignorance est capable de tout. Chez les peuples barbares on trouve beaucoup de voleurs et d'assassins; et chez les nations policées, les scélérats sont remplacés par les fripons et les banqueroutiers. Il n'y a que l'esprit jésuitique qui ait pu porter aux plus grands crimes des hommes instruits; et encore, comment étaient-ils instruits? Hommes de bonne foi qui repoussez l'instruction, rappelez-vous qu'elle a toujours, quoique mal dirigée, produit plus de bien que de mal; que bien dirigée et appliquée à des objets d'utilité générale, elle peut produire encore beaucoup plus de bien que par le passé; que c'est à elle que nous devons les progrès de l'industrie et par conséquent l'avantage d'être généralement mieux nourris, mieux vêtus, mieux logés, que ne l'étaient nos pères; que nous lui devons cette sécurité dans nos voyages qui était aussi inconnue d'eux qu'elle l'est aujourd'hui des Espagnols; que la France lui doit enfin ses richesses, sa gloire, et j'ose dire même ses mœurs nouvelles, qui, n'en déplaise à certaines gens, valent un peu mieux que les anciennes.

Il est, en fait d'instruction, de ces vérités aussi simples qu'utiles que personne ne nie, mais qu'on perd trop facilement de vue. Tout le monde convient, par exemple, que l'instruction doit avoir pour but de nous rendre meilleurs, plus utiles à nous-mêmes et à la société. Ainsi l'homme véritablement instruit doit être vertueux; il doit respecter la religion, la personne sacrée du souverain, et les lois du pays; en France il doit être bon Français; s'il connaît ses devoirs, il doit prendre plaisir à les pratiquer. Lorsqu'il ne les pratique pas, il ne doit pas plus être réputé instruit que celui qui enfreint à tout moment les règles de la probité ne peut être réputé honnête homme.

Si, comme je viens de le dire, la véritable instruction n'est autre chose que le perfectionnement physique et moral des individus dirigé vers leur plus grand avantage personnel comme vers le plus grand avantage de la société, il est évident que l'instruction doit être proportionnée avant tout à l'intelligence dès individus, parce qu'on a vu souvent sortir, des dernières classes, des hommes du plus grand talent. L'instruction doit aussi être proportionnée à la fortune et à la naissance: il ne convient pas, à ne consulter même d'autre règle que les intérêts particuliers, que les fils de laboureurs et d'artisans soient instruits à la manière des princes ou des enfants des pairs, car il est nécessaire que chacun apprenne plus spécialement ce qu'il est obligé de connaître pour bien remplir les devoirs de l'état ou des fonctions où il est appelé.

En formant le moral, il ne faut pas oublier le physique; on doit s'appliquer à rendre l'homme plus fort, plus agile, soit par de simples amuse-ments, soit par l'apprentissage de quelque métier auquel on peut donner quelques heures chaque jour; c'est là une des choses les plus essentielles, non-seulement sous le rapport de la santé, mais encore pour apprendre aux jeunes gens à estimer les choses utiles : qu'on se rappelle à cè sujet le czar Pierre-le-Grand, et l'heureuse impulsion qu'il donna à son empire autant par ce genre d'in-struction que par ses exemples. Végéter trop long-temps sur les bancs de l'école, prendre des lunettes à vingt ans, par besoin ou par amour-propre, afin de paraître plus éclairé, en raison de ce qu'on est plus myope, voilà presque toujours le fruit d'une instruction pernicieuse.

Si on se fait une idée juste de ce que doit être l'instruction, on se persuadera aisément qu'elle ne peut ni ne doit être nuisible; mais comme je l'ai déja dit, elle a été souvent mal dirigée; de nos jours même on peut lui faire ce reproche, sans pour cela qu'on puisse en accuser les chefs de l'Université; car ils sont forcés d'obéir à une puissance aveugle... la routine. Que les hommes de bonne foi qui condamnent l'instruction, consultent le plan d'études de M. La Chalotais (malgré ses défauts), le mémoire de M. A.-C. Renouard, et bien d'autres ouvrages de ce genre élaborés par les meilleurs esprits : ils se persuaderont aisément que si l'instruction porte trop souvent de mauvais fruits, c'est qu'elle n'est pas assez appropriée aux besoins du siècle; ils reconnaîtront les bons effets qu'elle peut produire un jour si elle est bien dirigée, et si les obscurantins cessent d'opposer des obstacles aux améliorations qu'elle réclame; car c'est un grand malheur pour la société qu'il existe des personnes qui pour mieux satisfaire leur cupidité, veulent exercer le monopole des connaissances, tandis que le bien public et la stabilité du trône exigent que l'instruction soit accessible à tous, et que l'on favorise principalement ceux dont les heureuses dispositions promettent à l'état des hommes dignes par leurs connaissances et leurs vertus de gouverner leurs semblables, comme il se pratique à la Chine, le plus ancien empire du monde et le plus soumis à ses souverains. Les Chinois professent, en fait de gouvernement, la maxime que la raison prescrit aux hommes en toutes choses, et que l'on suit en France quelquefois, par exemple quand il s'agit de constructions maritimes; car on y fait choix pour la marine des plus beaux arbres, et on ne s'astreint pas à ne les prendre que dans les forêts de l'état.

C'est encore un bien grand malheur pour la société qu'il y ait beaucoup de personnes qui ne vivent que de l'ignorance d'autrui. Si la connaissance de nos droits et de nos devoirs, aussi-bien que des lois qui nous régissent, était plus répandue parmi nous; si nous avions, comme les Anglais, des jurys pour les affaires civiles, et, comme eux aussi, moins de juges, moins d'avocats, verrait-on en France autant de procès? Ne verrait-on pas au contraire les plaideurs transiger plus souvent entre eux, au risque de faire grimacer les avoués, qui profitent beaucoup plus avec les entêtés et les ignorants? On conçoit donc qu'il existe des gens qui ne voient qu'avec peine répandre l'instruction, parce qu'aveuglés et tourmentés par leur cupidité, ils craignent de n'avoir pas assez d'occasions de la satisfaire.

Des écoles secondaires, telles qu'en propose M. A.-C. Renouard dans l'ouvrage que j'ai déja cité, seraient de la plus grande utilité pour la classe laborieuse. En attendant, les cours de géométrie et de mécanique suivis dans nos villes maritimes et manufacturières, dont M. Ch. Dupin a été le premier auteur, et que le ministre de l'intérieur soutient de son appui, promettent les plus grands avantages.

Mais pour que l'instruction atteignît le but le plus avantageux, il faudrait de toute nécessité que nous eussions en France pour instituteurs de vrais Français, et préférablement des pères de famille, et non pas des jésuites cupides et brouillons, ou des holbachistes novateurs dangereux qui ne respectent aucun ordre établi; les uns et les autres semblent n'avoir pour but que de faire mépriser la religion et les lois, détruire les mœurs, et renverser les trônes. Craignons d'avoir pour instituteurs ces célibataires étrangers ou dénationalisés par leur obéissance passive à un général qui n'est d'aucune nation, et qui a souvent voulu commander au souverain pontife et à tous les rois de la terre; craignons surtout de voir sortir de leur sein, comme jadis, soit un grand nombre

d'athées, soit des fanatiques tels que les Clément,
les Ravaillac, etc., etc. Ceux qui dirigent les esprits par les doctrines abominables des restric-
tions mentales, des directions d'intentions, du ré-
gicide, et de mille autres horreurs, ne peuvent
fournir à la société que des pervers et des scélérats.

Que les gens de bonne foi reconnaissent enfin
que la véritable instruction, qui serait si facile à
donner et à recevoir, ne peut être qu'avantageuse aux individus et à la société, tandis que la
fausse, hérissée de difficultés, est nuisible à tous,
et se reconnaît toujours à ses fruits. Ainsi on
peut dire avec assurance que le méchant, le fri-
pon, l'avare, le prodigue, l'orgueilleux, l'athée,
le pusillanime, le fat, l'hypocrite, malgré le faux
éclat qu'ils peuvent emprunter aux lettres et aux
sciences, sont tous mal instruits; que c'est par l'effet d'une mauvaise instruction, que dans l'étude
de la littérature et des beaux-arts plusieurs ad-
mirent seulement la partie poétique qui exalte
leur imagination, et jamais l'utile, qui devrait être
toujours préféré à l'agréable. On peut dire aussi
que cette manière de penser se puise ordinairement dans ces colléges où l'on voit les fils de l'a-
griculteur et de l'artisan ergoter à tort et à travers
sur les textes latins ou grecs de certains livres

qu'ils ne comprennent qu'à demi, et qui ne leur apprennent rien, si même ils ne leur sont point nuisibles, tandis qu'on y néglige la connaissance de nos bons auteurs, l'étude des langues anglaise et allemande, qui apprendraient aujourd'hui beaucoup plus que toutes les langues mortes ensemble. Et comment recevrait-on dans ces colléges l'instruction convenable, lorsqu'on y rencontre souvent des professeurs qui méprisent les sciences physiques et naturelles, malgré leur utilité, qu'ils ne connaissent point sans doute, ainsi que les professions mécaniques ou commerçantes, quoique celles-ci procurent à ceux qui les embrassent les choses nécessaires et toutes les aisances de la vie. Et de-là un dédain marqué, chez les jeunes gens qui sortent de ces colléges, pour tout ce qui est utile; prêts à prendre un parti, ils semblent se dire alors à eux-mêmes : cultivateur! ouvrier! marchand! fi donc!... ces gens-là ne sont point lettrés : mieux vaut avoir l'air savant et ne pas s'adjoindre à ceux qui produisent, mais au contraire aller grossir le nombre de ceux qui dévorent ou qui tuent; ainsi, faisons-nous avocats ou médecins..... Ces deux professions sont sans doute des plus honorables; mais sans les vrais talents qu'accompagne toujours la justice, elles sont aussi les plus dangereuses pour la société, qui paie alors pour être trompée ou empoisonnée. Il en est des professions d'avocat et de médecin comme de l'art du poète : il faut y être appelé par une vocation naturelle, et non pas par le sot amour-propre, la fainéantise ou la basse cupidité.

C'est encore à l'espèce d'instruction reçue dans nos colléges que l'on doit le plus souvent cette multitude d'esprits faux, quoique parfois brillants et d'apparat, qui font croire aux dangers de l'instruction, mais qui ne sont tels, que parce qu'ils n'ont pas été instruits convenablement et dans les choses nécessaires.

Peut-on considérer comme vraiment instruits :

Ceux qui ignorent l'art d'être utiles à la société et à eux-mêmes, et ne se servent au contraire de leur esprit que pour nuire aux autres?

Ceux qui se ruinent par la débauche, les concerts, les spectacles et les fêtes, etc., qui les amusent?

Ceux qui, même sans être connaisseurs, s'extasient en voyant de beaux monuments qui n'ont jamais rien produit, ou devant une statue dont les bras ne font rien, ou à l'aspect d'un tableau qui représente toujours imparfaitement la nature : tandis qü'ils aperçoivent à peine cette pompe à feu qui centuple nos forces, dédaignent de visiter ces ateliers admirables, vrais musées vivants où l'homme semble avoir rassemblé l'intelligence et l'industrie de tous les pays et de tous les siècles, et où l'on voit souvent réunies les merveilles de la chimie moderne à toutes les puissances de la mécanique savamment combinées, soit pour préparer les matières premières, soit pour confectionner des étoffes utiles et à bon marché, soit enfin pour fabriquer des tissus quelquefois aussi admirables que les plus beaux tableaux?

Ils n'ont reçu aussi qu'une instruction manquée ceux qui, semblables aux enfants, sont tout de feu pour les mensonges et les contes, et se plaisent à lire ou plutôt à dévorer des romans remplis d'aventures terribles; ceux qui croient être des immortels, parce qu'ils ont senti leur sang circuler plus vivement à la lecture de l'Iliade, de ces contes aussi mensongers que sublimes du vieil Homère, qui ont causé de si grands maux à l'espèce humaine; tandis que ces mêmes personnes ne peuvent supporter la lecture des ouvrages de morale tels que ceux de Fénélon, de Massillon, de Franklin, de Degérando, de J. Droz, etc., etc., ouvrages qui ne tendent qu'à nous rendre meilleurs, en nous faisant aimer la vérité et nos devoirs, chérir les douces émotions de la bienfaisance, et en nous présentant la vertu comme une amie riante, aimable et sûre.

AVERTISSEMENT.

Mon dessein n'est point d'amener une réforme dans l'écriture et l'orthographe d'usage, car peu de personnes consentiraient à recevoir des missives qu'elles ne sauraient lire, ou pour lesquelles il faudrait faire une nouvelle étude : on ne réforme pas aussi facilement ce qui est établi depuis des siècles. Le but de cet ouvrage est de représenter bien plus fidèlement que par l'alphabet romain les sons de la voix humaine.

La nouvelle écriture proposée pourrait être d'un grand secours pour apprendre les langues étrangères, comme aussi pour faciliter aux étrangers l'étude de la nôtre. Au moment où les peuples de l'Orient, et surtout ceux qui parlent la langue arabe, semblent vouloir entrer dans la carrière de la civilisation, ne serait-il pas convenable de leur procurer un alphabet plus commode que le leur qui est si défectueux, et même que le nôtre qui est si incomplet et que nous avons rendu si difficile par la bizarrerie de notre orthographe?

Tous les peuples sentent le besoin de connaître notre langue; rendons-en l'accès facile. Nous éprouvons le besoin d'étendre nos relations commerciales, servons-nous donc d'un instrument avec lequel nous pouvons apprendre plus facilement le langage des peuples divers.

Cette nouvelle écriture, que parviendraient à lire et à écrire en moins d'une semaine ceux qui savent déja manier la plume, et qu'on apprendrait à lire en peu de jours à ceux qui ne connaissent aucun caractère, pourra être aussi utile à ceux qui veulent représenter fidèlement la véritable prononciation du langage que la sténographie l'est à ceux qui recueillent les discours de nos orateurs; mais ni l'une ni l'autre de ces écritures ne dispensent de connaître et de pratiquer l'écriture d'usage.

Les principes de ce nouvel alphabet pourront servir aussi à composer un alphabet universel, qu'il ne faut pas confondre avec la langue universelle que Leibnitz avait projetée. Pour s'occuper de cet alphabet, comme je l'ai fait en passant et suivant les bornes de mes connaissances, il n'est point nécessaire d'avoir une tête encyclopédique ni de comprendre les langues des peuples divers ; mais pour exécuter le projet de Leibnitz, il faudrait un génie plus que transcendant. Et d'ailleurs cette langue universelle, qui ne serait utile qu'aux savants, ne servirait qu'à retarder la marche de la civilisation, comme l'a si bien démontré M. Destutt de Tracy ; tandis qu'un alphabet universel contribuerait merveilleusement à en accélérer la marche, et serait d'une exécution plus facile qu'on ne pense.

Si on consulte l'Alphabet européen de Volney et la Grammaire générale de M. Destutt de Tracy, on se persuadera des avantages qui pourraient résulter d'un alphabet perfectionné. C'est la lecture de ces ouvrages qui m'a encouragé et qui me porte aujourd'hui à publier un travail entrepris depuis long-temps : heureux si je réussis à répandre de nouvelles lumières sur ce sujet, dont l'importance pour l'espèce humaine n'est pas appréciée comme elle devrait l'être.

ESSAI

SUR LA COMPOSITION

D'UN NOUVEL ALPHABET.

PREMIÈRE PARTIE.

ÉTAT ACTUEL DE L'ÉCRITURE.

Dans l'écriture manuelle, aussi bien que dans l'écriture imprimée, nous voyons qu'un petit nombre de caractères, diversement combinés et groupés, représentent tous les mots de notre langue. Si nous y faisons attention, nous remarquerons encore que le discours est divisé par dès pauses plus ou moins longues selon que l'exigent ses différentes parties : de même que la gradation de ces pauses est sensible à l'ouïe dans un discours bien prononcé, de même elle doit être sensible à la vue dans une écriture exacte, et c'est ce qui a lieu dans l'écriture ordinaire, où l'on emploie les divisions ou pauses connues sous les noms de titre général, parties ou livres, sections, chapitres, paragraphes, articles, numéros et alinéa; on s'y sert encore du point, des deux points, du point et virgule, et enfin de la virgule, pour marquer des pauses plus ou moins longues. La séparation des mots, sans le secours d'aucun des signes dont nous venons de parler, marque naturellement une pause extrêmement brève; mais la plus brève de toutes, c'est celle qui existe entre les syllabes d'un même mot, pause que n'indique aucun signe, et qui n'est marquée que dans les principes de lecture. Une écriture qui trancherait les syllabes des mots, lèverait une grande partie des difficultés de la prononciation.

Après cette observation sur les pauses, venons à ces groupes de lettres que nous appelons *mots*.

Un mot, dans l'écriture, est une lettre ou un ensemble de lettres qui présente une idée à l'esprit en même temps qu'il peint à nos yeux un ou plusieurs sons de la voix. Mais ce n'est ici que sous ce dernier point de vue que nous devons considérer les mots.

Les mots sont composés de syllabes; ils peuvent n'avoir qu'une syllabe, mais pour la plupart ils en ont plusieurs.

Les syllabes sont toujours séparées entre elles par des pauses. Elles sont simples ou composées; simples, si pour les prononcer il ne faut qu'émettre un son, comme dans *Ève, Adam, ami, père*, etc. : chacun de ces mots est formé alors de deux syllabes simples.

Les syllabes sont composées, si pour les prononcer on émet plusieurs sons, comme dans : *fia-cre, dia-cre, Stras-bourg, bour-geois* : chacun de ces mots est formé de deux syllabes composées.

Le son que quelques-uns nomment aussi syllabe simple, physique ou naturelle, est formé de la voix et de l'articulation.

Pour représenter les sons, on se sert de caractères qu'on appelle *lettres ;* la liste méthodique de ces lettres est ce qu'on appelle un alphabet.

Au premier aperçu, il semble que toutes nos propositions précédentes soient de ces choses simples et bien connues sur lesquelles il paraît inutile de s'arrêter. Cependant c'est parce qu'on ne s'y est pas assez arrêté que l'écriture des sons n'est pas encore bien comprise, ou du moins développée d'après ses vrais principes.

Notre manière d'écrire est très-vicieuse, et c'est dans notre alphabet, et surtout dans le mauvais usage que nous en faisons, qu'il faut chercher le vice de notre écriture, vice qui consiste en ce que les sons de la voix que nous prononçons en parlant, sont représentés, quand nous les écrivons, d'une manière incomplète, irrégulière et bizarre (1).

Les grammairiens divisent les lettres de l'alphabet en

---

(1) Il faudrait un gros volume pour indiquer toutes ces bizarreries si multipliées. Tantôt ce sont des mots écrits d'une manière semblable pour être prononcés différemment, comme : vos *intentions* étaient que nous *intentions*, il faut qu'il *paroisse* à la *paroisse* ; tantôt des sons semblables écrits de trente à quarante façons diverses, tels que le son nasal *an*. C'est seulement dans un dictionnaire, et au moyen de caractères plus fidèles que ceux de notre alphabet, qu'on peut se promettre de signaler tous les vices de notre écriture.

voyelles et en consonnes, mais ils sont rarement d'accord entre eux sur la valeur de ces deux mots ainsi que sur celle de bien d'autres, tels que ceux de syllabe, son, articulation, aspiration ; et de-là naissent une foule de contradictions et d'erreurs. Afin de jeter un plus grand jour sur cette matière, nous allons commencer par donner, à l'exemple de Dumarsais et de Volney, une idée générale du mécanisme de la voix humaine. Nous ne ferons qu'emprunter ici le langage de ces deux grammairiens philosophes.

DU MÉCANISME DE LA VOIX.

Le mécanisme de la voix peut se comparer à un instrument à vent et à anche, tel que l'orgue, la musette, etc. dont nos poumons sont les soufflets, la trachée-artère l'unique tuyau, et le larynx, qu'on nomme pomme d'Adam, le bout du tuyau, lequel forme un tambour élastique qui se gonfle, se rétrécit, se hausse, se baisse, et donne enfin passage à l'air par une ouverture qui fait l'office d'anche et qu'on appelle glotte, laquelle est garnie de petits rubans à chaque lèvre (1) et recouverte par une soupape, qu'on nomme épiglotte ; cette soupape charnue fait partie de la langue et sert à recouvrir l'entrée de la glotte lorsque nous voulons avaler. Mais si l'instrument de la voix, dans lequel nous

_____

(1) Sans doute pour augmenter la variété des modulations de l'air.

comprenons la glotte, peut être comparé à un instrument à vent, quoique infiniment plus ingénieux et plus
compliqué, comme tout ce que fait la nature, combien nous doit-il paraître différent de tous les instruments possibles, si nous considérons que le son de la
voix provenant des poumons qui déja peut être modifié d'une infinité de manières en passant par la glotte,
peut l'être davantage encore par un autre instrument supérieur bien plus compliqué que le premier?
Cet instrument supérieur est composé d'organes
qu'on peut appeler principaux : tels sont la partie supérieure et intérieure de la bouche, la luette,
les deux ouvertures que l'on voit au fond du palais,
et qui, répondant aux narines, donnent passage à
l'air quand la bouche est fermée, ou que l'air s'y dirige
en partie. Il faut y joindre encore les dents, les lèvres,
et surtout la langue, cette machine admirable qui est
si mobile, qui change si facilement de forme, et dont
les mouvements sont si aisés et si prompts. Tels sont les
organes composant l'instrument supérieur. Il faut remarquer que les cavités de la bouche et du nez prennent des dimensions diverses de capacité, des rapports divers de situation, et concourent ainsi, avec
les divers degrés d'ouverture de la bouche et des
dents, l'écartement des deux lèvres et les diverses
positions de la langue, à mouler les ondulations de
l'air sonore, à revêtir cet air d'une de ces formes
distinctes et indivisibles sous lesquelles il arrive à
l'ouïe en lui causant des sensations diverses, ou, pour

mieux dire, à le faire retentir de diverses manières selon les lois des cavités acoustiques.

En résumé, l'air au sortir de la glotte n'a qu'un son musical; mais les organes supérieurs qui viennent après la glotte donnent à cet air, par différentes formes, le son de la voix humaine.

Pour rendre plus sensible ce que nous venons de dire, figurons-nous bien le jeu des divers organes de l'instrument de la parole, et nous verrons qu'il est justement comparé à un instrument à vent. Soit, par exemple, un orgue auquel on voudrait faire rendre les différents sons de la voix humaine. Avant d'en obtenir un son quelconque il faudrait aspirer l'air dans les soufflets comme nous l'aspirons dans nos poumons. L'aspiration de l'air sera donc plus ou moins forte suivant qu'on voudra émettre ou expirer des sons plus ou moins forts ou plus ou moins longs. Remarquons en outre que pour expirer l'air de manière à lui faire rendre le son *á*, il faudrait ajuster à cet orgue un tuyau ayant la forme convenable pour rendre ce son, un autre tuyau pour *é*, un pour *i*, et enfin un tuyau pour chaque son différent. Maintenant, qu'on examine le jeu de cet instrument tel que nous l'imaginons : l'air étant aspiré, tous les tuyaux étant fermés, si l'on fait ouvrir la soupape du tuyau *á*, l'air renfermé dans les soufflets trouvant une issue, et étant poussé au dehors par le mouvement de ces mêmes soufflets, produira le son *á* aussi long-temps que les soufflets fourniront de l'air et que ce même tuyau *á* sera ouvert. Il en sera de même des autres tuyaux. Ainsi on conçoit facilement que le son sera plus fort si on chasse l'air des soufflets avec plus de vitesse et de force, et sera plus long ou plus bref suivant le temps que les soufflets fourniront de l'air et que le tuyau restera ouvert.

Dans l'instrument merveilleux et naturel de la parole nous n'avons pas plusieurs tuyaux, nous n'en avons qu'un , mais ce tuyau prend subtilement et successivement différentes formes ; ce qui lui donne la faculté de produire différents sons avec des nuances très-variées.

Nous allons essayer de décrire la différence des formes du tuyau naturel, selon qu'on veut émettre telles ou telles voix.

DES DIFFÉRENTES FORMES DE VOIX.

FORME *á* comme dans *pâte*.

Pour prononcer cette voix, la bouche est naturellement ouverte ainsi que la glotte. Il semble qu'on ne met pas plus un organe que l'autre à contribution pour former la voix *á :* c'est là peut-être la principale cause qui a fait placer cette voix en tête de tous les alphabets; et c'est en partant de cette forme si naturelle et si aisée qu'il nous conviendra souvent d'indiquer la différence qui existe entre les autres formes de voix.

Pour mieux donner l'idée de cette forme, nous pouvons ajouter qu'il faut laisser à la glotte un libre passage à l'air, former un grand creux dans la bouche et la tenir ouverte, et enfin retirer la langue du voisinage du palais, en la collant pour ainsi dire à la partie inférieure de la bouche.

Le nez semble n'être pour rien dans la forme de cette voix ; qu'on ouvre ou qu'on ferme le nez, le son en est toujours le même, parce que dans l'un et l'autre cas l'air se dirige droit à l'ouverture de la bouche.

Les variantes principales de cette forme sont : l'*á* clair ou riant, produit par un moindre creux dans la bouche et une ouverture plus grande des lèvres quand on les retire, comme ferait une personne qui rit : ha. ha. ha. ha ; et l'*á* profond ou grave, produit au contraire par un plus grand creux dans la bouche et une ouverture moindre des lèvres que l'on pousse au dehors sans trop découvrir les dents, comme ferait une personne grave en prononçant ces mots : Ah ! malheureux, qu'as-tu fait ?

FORME é comme dans tête.

Pour prononcer cette voix les organes sont disposés à peu de chose près comme pour la forme *á;* voici la différence que nous croyons y voir : la glotte un peu plus fermée, la langue semble vouloir se rapprocher du palais, et le nez semble aussi contribuer à ce son : sans doute que l'air étant un peu plus gêné à son passage dans la bouche, le nez en reçoit une fai-

ble portion .Remarquons ici que les divers degrés d'ouverture de la glotte, comme les divers degrés d'abaissement ou d'élévation du larynx et de la luette, les
différentes positions et mouvements de celle-ci, qui
s'interpose plus ou moins au passage de l'air, les
cavités plus ou moins grandes qui sont à chaque
côté de la base de la luette, le canal nasal ouvert ou
fermé en tout ou en partie, que toutes ces pièces du
mécanisme, très - mobiles et placées au fond du gosier, en prenant des situations diverses ou des formes
différentes, contribuent pour beaucoup aux différentes directions de l'air, et par là même aux différents
sons, ou sensations de l'ouïe.

Les diverses situations des organes gutturaux ne
pouvant pas être aperçues lorsque nous parlons, il
nous est impossible de les bien indiquer ; néanmoins
nous en recevons une sensation assez distincte lorsque nous passons d'une forme à l'autre ; par exemple,
si de la forme $\acute{a}$, où l'air est poussé sans gêne et sans
effort droit à l'ouverture de la bouche, nous passons
à la forme $\acute{e}$, nous sentons un mouvement au fond
du gosier qui semble abaisser le larynx et resserrer
la glotte ; nous ne voyons pas ce que ce mouvement
a produit sur les diverses parties du tuyau de la voix,
nous n'en sommes point assurés ; ce qui nous paraît
plus évident, c'est le changement de forme et l'effet
de ce changement ; pour $\acute{e}$ l'air ne se dirige plus droit
à l'ouverture de la bouche, il se dirige contre le palais : cet air est - il en partie renvoyé de là au fond

de la bouche pour qu'il en remonte un peu par le nez?
ou bien le canal nasal se trouve-t-il plus ouvert? ou
l'air se dirige-t-il plus directement vers ce canal?
C'est ce que nous ne pouvons pas décider. La nature
agit ici par des nuances trop fines et trop subtiles,
pour pouvoir être traduite par un automate. En supposant que cela fût possible, on n'y arriverait à coup
sûr qu'en tâtonnant, qu'en essayant différentes formes, pour obtenir une sensation qui parût la même
à l'ouïe.

Les principales variantes sont celles des *é* riants et
graves, produites par des situations d'organes parfai-
tements analogues à celles qui produisent les *á* riants
et graves.

FORME é comme dans santé.

Pour la prononciation de cette voix, les organes
oraux sont disposés ainsi : la bouche beaucoup plus
fermée que pour *é*, la langue touchant légèrement
le palais en arrière et par ses deux bords, et formant
un peu le creux dans sa longueur.

En passant de la forme *é* à celle de *é*, nous sentons
encore mieux le resserrement des organes gutturaux
que nous ne l'avons senti en passant de la forme *á*
à celle de *é*, mais il ne s'échappe d'air par le nez
qu'autant qu'on voudrait chanter sur cette forme.

La nuance de l'*é* clair et de l'*é* profond est moins
sensible, par une conséquence de la nature même de
cette forme, ou du moins elle est plus forcée.

Forme *e* comme dans *monde*.

La forme *e* tient le milieu entre la forme *é* et la forme *é*, ces deux dernières formes peuvent même produire une sorte d'*e* muet; mais, pour émettre l'*e* muet tel que nous le prononçons dans ces mots *que je te demande*, voici quelle doit être la situation des organes : la langue comme pour la forme *á*, la bouche bien plus fermée, mais surtout l'expiration de l'air bien moins forte que pour toute autre voix; la glotte semble aussi moins gênée que pour les formes *é* et *é*.

L'*e* muet peut encore être riant ou grave.

FORME *í* comme dans *lis*.

Cette forme ne diffère de la forme *é* qu'en ce que les bords de la langue touchent ici plus fortement le palais, et qu'elle semble s'écarter davantage pour resserrer encore plus le passage de l'air, tellement que si on le resserre encore un peu, il produit une espèce de sifflement.

Même analogie pour produire les *í* riants et graves, dans les variantes de formes, que pour les précédentes voix.

FORME *ó* comme dans *repos*.

En passant de la forme *á* à celle de *o'*, nous sentons que la luette se retire et remonte, comme pour mieux laisser l'air libre de contourner le palais; le larynx

4.

s'abaisse aussi sans doute pour mieux donner cette direction à l'air. Mais la glotte semble devoir être encore plus ouverte que pour *á*. La situation des autres organes de la bouche ressemble beaucoup à célle de la forme *á*; la différence consiste en ce qu'on rapproche les deux lèvres et qu'on les porte un peu en avant; du reste, la langue est placée comme pour *á*.

Cette forme, par son grand creux, permet de rendre d'une manière sensible à l'ouïe ses variantes d'*ó* grave et d'*ó* riant.

Forme *ú* comme dans *jus*.

Ce qui rend ici la situation des organes différente de celle de la forme *ó*, c'est que la glotte semble plus fermée, que la langue vient s'interposer au passage de l'air en se rapprochant du palais, même en le touchant légèrement, et que les lèvres plus rapprochées, se portent encore plus en avant. On passe également de la forme *i* à la forme *ú* presque uniquement par la position des lèvres que nous venons d'indiquer.

Cette forme produisant un son sourd et naturellement grave, se prête peu à produire un *ú* clair ou riant; néanmoins les variantes de grave et de riant existent pour cette forme de voix comme pour les autres.

Forme *ou* comme dans *roux*.

Comparativement à la forme *ú*, voici quelle est la

situation des organes : les lèvres encore plus avancées et plus fermées de chaque côté de la bouche, presque comme si on voulait emboucher une flûte ; la langue placée comme pour la forme *á*; la partie gutturale semble disposée de cette manière : la glotte très-ouverte et le larynx abaissé pour diriger l'air contre le milieu du palais.

Les *oú* graves et riants sont encore produits par des variantes de formes analogues à celles qui produisent les mêmes accents dans les autres voix.

Forme eú comme dans deux.

La plupart des grammairiens s'accordent à dire que *eu* est la même voix que *e* muet prononcé plus fort ; mais, pour prononcer plus fort, il faut non seulement que l'expiration soit plus forte et plus vite, mais encore que, par le resserrement des organes ou par un léger changement de forme, l'air éprouve plus de résistance à sa sortie.

Cette forme diffère de celle de l'*e* muet en ce qu'il faut resserrer l'air par la glotte ou la langue plus que pour cette dernière forme, et par la bouche même plus que pour la forme *ó*, moins cependant que pour la forme *ú*. Si on prononce *eú* grave comme dans *deux*, la bouche est presque fermée, et la langue plus éloignée du palais que pour *cœur*, prononciation riante ; mais, en revanche, elle touche même le palais lorsque la bouche est plus ouverte.

Remarquons que le changement de forme du tuyau

de la voix pour produire la différence de { clair / riant } ou de { profond / grave } dans le même son, se fait sur toutes les voix par une même loi. Pour les sons graves, c'est sur le devant de la bouche que l'air est resserré; pour les sons clairs, c'est en arrière, un peu plus par la langue et même au fond du gosier, que l'air est contraint. La bouche, dans ce dernier cas, peut être alors plus ouverte ou riante.

Pour bien entendre ce que nous venons de dire sur les différentes formes du tuyau de la voix, il faut que le lecteur fasse l'essai de la prononciation des divers sons dont nous venons de parler, en les comparant entre eux, et en ayant l'attention d'émettre ces sons sur le même ton, ainsi que sur le même accent en les prononçant fort, sans contrainte ni grimace; il faut entendre par *ton* les différents degrés d'expiration de la voix; par *accent*, les diverses formes graves ou riantes.

Le mécanicien qui, en imitant la nature, tenterait de faire rendre les sons simples dont nous venons de parler par un même tuyau, serait à coup sûr bien attentif aux diverses situations d'organes, ou pour mieux dire aux différentes formes du tuyau de la voix humaine: il remarquerait qu'indépendamment de la forme du tuyau, le plus ou le moins d'ouverture de la glotte, ainsi que le plus ou le moins de force de l'air venant des poumons, contribue encore à changer l'espèce du son. Pour rendre sensible ce que nous disons, qu'on se figure une personne arrêtée après une course rapide et respirant tout à son aise, l'expiration de cette personne fera d'abord entendre *oú, oú, oú, ou,* *ó, ó, ó, ó,* puis *á, á, á, á, é, é, é, é,* et finira par *e* muet qui n'est qu'un souffle de vie, la plus faible des expirations. Et qu'on remarque bien que cette personne n'aura, pour ainsi dire, pas changé la forme de son tuyau de voix, seulement la bouche aura été plus fermée sur *oú, oú,* que sur *á, á;* mais aussi, afin de donner plus de passage à l'air, la glotte (ou le fond du gosier), aura été plus ouverte sur *oú, oú,* que sur *a, á,* plus sur *á* que sur *é,* et aura diminué ainsi d'ouverture en même temps que l'air était chassé des poumons avec moins de force, jusqu'à ce qu'enfin on ait expiré l'*e* muet, qui peut s'émettre sur la même forme que *á,* car l'expression forte ou faible en fait presque toute la différence. On peut dire que l'*e* muet n'a, pour ainsi dire, point de forme propre, qu'il peut passer par toutes, au moyen d'une expiration faible, en prenant néanmoins une teinte de la forme par où il passe.

Que celui qui voudrait construire un automate parlant ne se lasse point d'observer, car nous n'avons point encore rencontré d'obstacles dans l'expiration de la voix. Les sons que nous avons décrits peuvent tous se nommer voix ouvertes : en les prononçant, le tuyau de la voix reste ouvert sans qu'il y ait aucun battement ni mouvement d'aucune partie de ce tuyau. Ces voix sont, on peut dire, chantantes. Le son peut en être continué en haussant ou baissant le ton aussi long-temps que les soufflets fourniront de l'air; c'est l'état d'un tuyau d'orgue qui donne un certain temps au passage de l'air, et qui se ferme insensiblement.

Dans bien des mots, ces voix sont prononcées d'une manière différente de celle que nous venons de noter : par exemple, *á* se prononce dans *pate* d'animal autrement que dans *pâte* à faire du pain. Ici le mécanicien observera que ce qui distingue surtout cette voix de la voix ouverte *á* dans *pâte*, c'est qu'elle est pour ainsi dire frappée et fermée d'un coup plus ou moins prompt et sensible venant du gosier, qui ébranle même la poitrine, si on essaie de la prononcer bien fort et bien bref; comme le flûteur qui, ne voulant donner qu'un son bref, ouvre et ferme le passage à l'air dans sa flûte par un coup de langue, en poussant cet air comme un coup de sifflet. Un tuyau d'orgue ouvert et fermé subitement par la soupape, produit le même effet; il reste alors une bonne partie de l'air à expirer tant dans le tuyau que dans les soufflets.

L'obstacle qui s'est présenté au passage de l'air sur la forme *á* et qui en fait un *á* fermé, se présente aussi sur toutes les autres formes de voix. Ainsi il y a autant de voix fermées que de voix ouvertes. On pense bien que le mécanisme naturel et vivant de la parole est peu embarrassé pour fermer subitement sur une forme comme sur l'autre le passage de l'air, lors même que les poumons en sont abondamment pourvus; il n'est qu'une manière simple de produire cet effet sur toutes les voix, c'est de fermer la glotte, et non la bouche, puisque la voix peut se prononcer fermée avec la bouche plus ouverte que pour les voix ouvertes.

Les exemples suivants vont mettre le lecteur à même de juger de la justesse de notre remarque.

Voix ouvertes	Voix fermées
â	ă
Ane.	Anne (nom de femme).
Bâle (en Suisse).	Bal, balle.
Bât (de mulet).	Bat (il).
Cadix (ville).	Cadi (étoffe).
Las, lasse (adjectif).	La (article), ou là (adv.).
Hâle (le hâle, effet de la chaleur).	Halle (aux blés).
Mâle.	Malle.
Mâtin (chien).	Matin.
Pâte à faire du pain.	Pate (d'animal).
Ras, rase (adj.).	Rat (un).
Sale.	Salle (à manger).
Tâche (de travail).	Tache (d'huile).
Tas (petite enclume ou amas).	Ta (pronom poss.).
Valets.	Valais (en Suisse).
ê	ĕ
Bêle (il).	Belle.
Bête.	Bette (plante).

VOIX OUVERTES.	VOIX FERMÉES.
Abaisse (il).	Abbesse.
Ces, ses, c'est.	Sait (il), comme set.
Forêts.	Foret (outil).
Faix (un).	Fait (il).
J'ai, jais, geai (un).	Jet d'eau.
Les (art. plur.).	Laid, lait.
Mais, mes.	Mets (les), met (il).
Maître.	Mettre (il faut), mètre (nouvelle mesure).
Palais.	Palet.
Paix (la).	Pet (un).
Raie (ligne ou poisson).	Rets (filets).
Très.	Traits.
Valais.	Valets.

î	ĭ
Ile.	Il.
Cadix.	Cadi.
Cri (des oiseaux).	Cric (instr. mécan.).
Dix.	Dit (il).
Lis (les).	Lit (à coucher), lit (il).
Mie (de pain).	Mi (note de musique).
N'y (allez pas).	Nid (d'oiseau), ni l'un ni l'autre.
Prix (élevé).	Prit (il).
Paris.	Pari.
Petits-enfants.	Petit oiseau.

Voix ouvertes.	Voix fermées.
Riz (grains), Ris (de l'enfance).	Rit (il).
Six.	Si (conjonction).
Suie.	Suit (il).

ô   ŏ

Hôte, haute.	Hotte (la).
Beauté.	Botté (cavalier).
Côte (d'animal).	Cotte (d'armes, de prix).
Canaux.	Canot.
Dos (le).	Dot (la).
Fléaux (de Dieu).	Flots (de la mer).
L'eau.	Lot (son).
Meaux (ville), maux (misère).	Mots (en deux).
Môle.	Molle (adjectif).
Pau (ville), peau (la).	Pots (les).
Pôle.	Paul.
Saut, sceau.	Sot.
Saute (il).	Sotte.
Saule.	Sol.

û   ŭ

Écus (dix).	L'écu (de France).
Mue, nue, courue.	Mû, nu, couru.
Pus (le).	Pu (il a pu).
Rue.	Rut (en).

(60)

VOIX OUVERTES.	VOIX FERMÉES.
Statue.	Statut.
Tue (il).	Tu (pronom).
Bûche, crûche, brûle, etc.	Imbu, fendu, salut, etc.

oû   oŭ

Coût (de l'acte).	Cou; coup (un).
Goûte (il).	Goutte (la).
Toux (la), tous.	Tout (le).
Voue (il se).	Vous (à).
Jaloux, poudre, voûte, croûte.	Clou, fou, nous, chou, trou.
Rouille, boue, doux, roux, etc.	Genou, bouche, loué, poupée, etc.

eû   eŭ

Eux (ce sont).	OEuf (frais).
Peu (un).	Peut (il).
Seule.	Seul.
Veux (je), meule, jeûne, valeur, etc.	Peuple, pleut (il), jeu (le), meut (il se), immeuble, etc.

Nous verrons plus tard ce qu'on doit entendre par *e* muet fermé, *e* muet ouvert, et si l'on peut prononcer un *e* ouvert sur la forme *é* de santé. Maintenant il convient d'examiner les formes des voix nasales et comment elles sont produites.

Forme *an* comme dans *ruban*.

Dans cette forme les organes sont disposés comme pour la forme *á*, avec cette différence que, pour produire ce son à la manière ordinaire, on donne un coup de gosier pour fermer la glotte, en même temps on ferme aussi un peu plus la bouche, et on avance la langue près du palais afin de resserrer le passage de l'air et de le forcer encore mieux à passer par le nez.

Forme *in* comme dans *matin*.

Les organes sont ici disposés comme pour la forme *í*, avec cette différence que la langue n'appuie pas aussi fortement au palais. Malgré cela une grande partie de l'air passe par le nez, ce qui provient de ce que la glotte se trouve plus ouverte que pour la forme *í*, comme aussi de ce qu'une grande quantité d'air est poussée à la fois ; du reste, même coup de gosier que pour les voix fermées et pour la nasale *an*.

Forme *on* comme dans *bonbon*.

Les organes sont disposés comme pour la forme *ó*; avec un coup de gosier comme aux précédentes, on ne produirait que *ó* fermé ; mais, pour faire passer l'air par le nez et produire *on*, il faut remarquer qu'au moment où l'air est chassé des poumons, il vient d'abord frapper au palais, que de là il est renvoyé au fond de la bouche et ainsi contraint de remonter en partie par le nez : ce renvoi de l'air qui ressemble à une aspiration, sert aussi à former toutes les nasales ; mais il est plus sensible sur la nasale *on*.

Forme *un* comme dans *aucun*.

Les organes sont encore disposés comme pour la forme *ú*; la différence consiste à former un plus grand creux dans la bouche, comme aussi à pousser une plus grande quantité d'air à la fois, à tenir la glotte plus ouverte et toujours avec le coup de gosier pour la fermer, ainsi qu'avec le renvoi pour obliger une bonne partie de l'air à passer par le nez : si l'on veut se rendre sensible ce renvoi de l'air, il ne faut qu'essayer de prononcer l'*á*, l'*ó*, l'*í* et l'*ú* fermés comparativement aux voix nasales.

La même loi qui régit les variantes de formes qui constituent les accents riants et graves dans les autres voix, régit aussi les formes graves et riantes des nasales.

Remarquons que ce qui distingue particulièrement les quatre formes nasales, c'est l'abaissement du larynx, pendant que la partie supérieure du gosier est libre et nullement contractée. Par cette situation d'organes, le canal nasal doit se trouver ouvert, et l'air poussé de la glotte partant de plus bas, doit se diriger par ce canal en plus grande quantité que sur les autres formes de voix.

Remarquons encore que, dans le discours ordinaire, les nasales sont, comme la voix *é*, toujours des voix fermées; et pour les prononcer ainsi, outre le coup de gosier qui ferme la glotte (pag. 57), on donne un coup de mâchoire inférieure, comme si on voulait fermer la bouche; par ce coup la langue s'approche du palais, et s'oppose au passage de l'air par la bouche. Plus on met de promptitude et de fermeté à donner ce coup, plus la voix est sonore et distincte des autres voix; parce que plus ce mouvement est prompt, et plus l'air renvoyé au fond du gosier est contraint de passer par le nez et d'y passer avec vitesse (1).

Nous venons de dire que les voix nasales ainsi que la voix *e* sont toujours des voix fermées; mais il peut arriver qu'en criant ou chantant, on fasse une tenue de voix sur les nasales ainsi que sur la voix *é*. Dans ce cas, ce n'est plus le même son; il n'est plus sonore comme dans la prononciation ordinaire des mots *bambin, melon, aucun été;* et si dans le chant l'on prolonge l'expiration, quoiqu'elle soit souvent très-forte, elle est obligée alors de passer par des formes plus resserrées. Une grande partie de l'air, il est vrai, s'échappe par le nez; mais le son étant alors dépourvu

---

(1) La plupart des sons que nous émettons sont d'autant plus sonores, que le canal nasal est plus libre. Si nous sommes enrhumés, il nous est impossible de prononcer des sons clairs et sonores, et cependant on dit alors que nous parlons du nez; on devrait plutôt dire que nous n'en parlons pas, puisqu'il est obstrué.

de cette explosion d'air qui le rend sonore, prend pour les nasales et la voix *e* une teinte gênée et qui serait ridiculement grave dans la conversation : ainsi cette variété de son ne doit être remarquée et notée que dans le chant.

Nous allons terminer cet article par la définition de cette partie du son que nous avons décrite et qu'on appelle *voix*.

Dumarsais dit : « Tout son qui peut être continué « aussi long-temps que l'expiration peut fournir d'air « est une voyelle (1). »

Volney dit : « La voyelle affecte l'ouïe d'une sensa- « tion uniforme, sans égard aux tons musicaux ni aux « différentes mesures de poésie que l'on peut lui « donner. »

Ces deux définitions ne nous paraissent point exactes : si l'on prenait à la rigueur celle de Dumarsais, toutes les voix fermées n'y seraient point comprises, car l'expiration peut encore fournir de l'air quand nous prononçons *été* ou *né*, mais nous ne pouvons pas laisser continuer le passage de cet air si nous voulons prononcer *té* ou *né*; il faut que nous le fermions subitement, faute de quoi il ne serait point *é*, ce serait une espèce d'*é* gêné, tenant de l'*e* muet. Toutes les

---

(1) Pourquoi deux mots pour la même idée ? Le mot *voix* représentant l'idée d'une partie du son, le mot *voyelle* devrait être employé pour représenter seulement l'idée de la lettre qui dans l'écriture représente la voix.

voix fermées, parmi lesquelles il faut aussi comprendre les nasales, sont dans cette hypothèse, et nous croyons que si on peut leur faire prendre divers tons musicaux, on ne peut pas leur faire prendre différentes mesures de poésie comme Volney le fait entendre.

Voici la définition qui semble le mieux convenir pour les voix :

La voix, en général, est l'air poussé de nos poumons sur une forme ou sur une situation requise, et pour ainsi dire permanente, des diverses parties de la bouche. Elle affecte l'ouïe d'une manière simple et indivisible, et n'a pas besoin, pour se faire entendre, d'une autre voix ni d'aucun de ces battements ou mouvements de certaines parties de la bouche, qui produisent les consonnes. Toutes les voix peuvent prendre différents tons et divers accents. Les expirations plus ou moins fortes produisent les différents tons, comme de légères variantes de formes dans la même voix produisent les divers accents.

La voix ouverte est l'air qui ne rencontre point d'obstacles à son passage ; seule elle peut prendre divers degrés de durée, parce que tant que l'air est poussé sur la même forme, le tuyau de la voix peut rester ouvert sans qu'il y ait rien de changé à la prononciation de cette voix.

La voix fermée est l'air subitement fermé au fond du gosier, en même temps qu'il est chassé des poumons ; elle passe par les mêmes formes que les voix ouvertes ; mais elle ne peut point prendre divers degrés de durée; elle est toujours brève, car si on laissait ouvert un certain temps le tuyau de la voix, ce ne serait plus une voix simple, ce serait une voix ouverte plus une voix fermée.

Les voix nasales sont des voix fermées qu'on émet sur des formes particulières et propres à faire passer une certaine quantité d'air par le nez.

DE L'ARTICULATION.

Nous avons dit (page 43), que le son est formé de la voix et de l'articulation; en cela nous nous sommes conformés au sentiment de M. Destutt, lorsqu'il dit : « Il ne peut pas plus y avoir de voix sans articulation, « que d'articulation sans voix. » (Gramm., ch. V, page 347.) Voyons maintenant ce que c'est que cette partie du son qui n'est pas la voix.

En supposant, comme nous l'avons déja fait, un mécanicien épiant les mouvements des diverses parties du mécanisme vivant et admirable de la parole, nous parviendrons, ce nous semble, beaucoup mieux à rendre plus intelligible ce que nous avons à dire sur ce sujet.

Nous avons remarqué que pour produire un son quelconque, il fallait avant tout aspirer l'air dans nos poumons (page 46). Nous n'avons pas besoin ici de consulter les lois de la physiologie pour apprendre à nos lecteurs comment s'exécutent les mouvements de nos soufflets; nous remarquerons seulement que dans le mécanisme naturel de l'homme il en est autrement que dans l'automate flûteur de Vaucanson. Ce célèbre mécanicien n'avait point cru nécessaire ni peut-être praticable de faire aspirer l'air par la bouche de son flûteur : des soufflets placés dans un piédestal faisaient fonction de poumons. Mais, chez l'homme, l'aspiration (1) et l'expiration ne peuvent avoir lieu que par la bouche ; de telle manière, qu'en aspirant fortement l'air, nous pouvons produire réellement les différentes voix, sans qu'il soit besoin que cette aspiration sonore soit précédée d'une aspiration muette. L'émission de ces voix formerait alors de vraies aspirations (comme le hoquet). Elles peuvent être usitées chez certains peuples, mais nous ne les avons jamais entendues prononcer dans le discours, et on ne les fait jamais entendre, à moins que ce ne soit à dessein ; car il ne faut point confondre la prononciation aspirée avec la prononciation gutturale : pour émettre la première, l'air entre dans la bouche ; pour émettre la seconde, l'air en sort ; mais il en sort sur une forme très-grave, qu'on peut appeler emphatique, pour laquelle on forme un grand creux au fond du gosier, et nous croyons que c'est là ce qu'on appelle le plus souvent, et mal à propos, aspiration.

Lorsque nous prononçons *le héros, la haine*, nous pouvons prononcer gravement, même emphatique-

---

(1) Physiquement parlant, *aspiration* est synonyme d'*inspiration*. Les grammairiens ont détourné le premier mot de sa valeur réelle.

ment ces mots, en marquant un repos plus ou moins grand, et cependant sans qu'il soit nécessaire d'aspirer l'air entre l'article et le mot. Que s'il nous arrive d'aspirer, nous le faisons, non pour donner une teinte particulière au son, mais bien parce que nous en avons besoin pour l'action de respirer. Cette espèce d'aspiration n'étant sensible à l'ouïe que par le repos, souvent très-bref, qu'elle produit, ne devrait être considérée que comme une pause; et ce n'est seulement que sous ce rapport qu'il nous convient de l'envisager comme une espèce d'articulation; car on ne peut pas révoquer en doute que la pause donne au discours une teinte particulière, suivant ses divers degrés de durée (page 41), tandis que l'aspiration n'est qu'un acte accessoire de notre existence, étranger, pour ainsi dire, à la parole : et en effet, de deux personnes qui prononceraient le même discours, l'une, suivant sa volonté ou la capacité de ses poumons, pourrait le prononcer en aspirant la moitié moins de fois que l'autre, qui voudrait aspirer souvent ou qui serait gênée par quelques vices d'organes ; et néanmoins toutes deux auront bien prononcé, si elles ont bien fait sentir toutes les pauses dans la juste proportion qui doit exister entre elles, et les auditeurs auront bien compris ce qu'elles voulaient exprimer. Mais si, au contraire, l'une des deux ne marquait dans la prononciation que la moitié des pauses, les faisait grandes quand il les faut petites, petites quand il les faut grandes, elle embrouillerait tellement le discours le plus clair qu'elle le rendrait inintelligible pour quiconque l'entendrait prononcer ainsi.

Ce qu'on doit entendre par aspiration se réduit donc à l'aspiration rude et sonore de quelques langues étrangères. Cette aspiration formant la voix, et prenant ainsi la place de l'expiration, doit être considérée comme une espèce d'articulation particulière, et, par cette raison, exige aussi un caractère particulier, lettre ou accent, pour la représenter dans une écriture exacte.

Quant à l'aspiration muette, nous pouvons l'envisager comme une chose inutile à représenter dans l'écriture ; 1° parce que l'on peut aspirer plus ou moins de fois dans un discours sans que l'ouïe le remarque et sans que le sens de ce discours en souffre ; 2° parce que cette aspiration muette étant toujours accompagnée d'une pause plus ou moins longue, si nous représentons exactement la pause qui est plus fréquente dans le discours et dont la place et la durée sont déterminées par une loi fixe, nous n'avons pas besoin de représenter l'aspiration muette qui peut varier suivant les personnes, sans que cela soit aperçu, ou du moins sans ôter au discours la clarté, la précision et l'éloquence dont il est susceptible.

Nous devons combattre ici une erreur de M. Lemare, auteur d'une des meilleures grammaires que possède la langue française. Ce célèbre grammairien a péché, suivant nous,. dans ses principes de lecture et de prononciation, et nous ne l'approuvons pas lorsqu'il dit :

« Une aspiration appelle invinciblement une expi-« ration, ne fût-ce que le schéva (1).

« Une expiration présuppose nécessairement une « aspiration, ne fût-ce que l'héva (2). »

M. Lemare semble n'avoir pas compris M. Destutt ; et, pour n'avoir pas voulu se servir du mot d'*articulation*, comme a fait ce dernier, il n'a guère mieux réussi que lui. Le mot d'*articulation* convenait très-bien, tandis qué celui d'*aspiration* ne convient pas du tout, pas plus que celui d'*expiration*, suivant le sens physique de ces mots, dont on devrait toujours partir dans les définitions. Ce que M. Lemare dit de l'aspiration et de l'expiration est exact dans un sens forcé, qui ne servirait ici à rien et qu'il n'a point défini, mais n'est point exact dans le sens qu'il a donné à entendre ; suivant lui, le mot *Strasbourg* est composé de six syllabes naturelles ; effectivement, on peut y en trouver six et même sept, et prononcer ce mot en aspirant et expirant l'air sept fois : *se te ra se bou re gue.* Si on prononçait ainsi dans le discours, il aurait raison ; mais on peut très-bien prononcer ce mot en aspirant et expirant seulement une fois. M. Lemare a-t-il voulu se renfermer uniquement

_____

(1) *E* muet extrêmement bref.
(2) Aspiration douce.

dans les premiers principes de lecture ? C'est ce qu'on ne voit pas clairement, et dans ce cas même il pouvait mieux faire ; mais s'il n'a eu en vue que la prononciation ordinaire du discours, nous osons assurer que tout ce qu'il dit à cet égard ne tend qu'à embrouiller les idées qu'on peut se faire des éléments de la parole.

Nous ne pouvons pas entendre par *aspiration* autre chose que le mouvement des divers organes de la respiration qui font entrer l'air dans nos poumons, en le faisant passer par la bouche ; de même que nous ne pouvons pas entendre autre chose par *expiration* que la quantité d'air poussé au-dehors de nous par les poumons dans l'intervalle d'une expiration à l'autre. Toute autre manière d'entendre ces deux mots est erronée. Faisons l'application de nos principes sur un vers d'une idylle de madame Deshoulières :

Hélas ! petits moutons, que vous êtes heureux !

Avant de prononcer ce vers, le lecteur aura fortement aspiré l'air, mais d'une manière muette. L'expiration fait d'abord entendre sur un ton haut la syllabe *hé*, vient après une petite pause : c'est celle qui marque la séparation des syllabes ; ensuite on prononce *là*, *à* est ouvert : le ton en est élevé au commencement, très-bas à la fin, et comme mourant en fermant la bouche sur la forme *s* (page 84). On aspire encore de nouveau d'une manière lente ; l'expiration fait entendre cette fois quatre sons qui forment chacun une syllabe ; les voici : *pe tits, mou tons.* Entre chaque syllabe est une pause très-brève, ce qui fait trois pauses d'égale durée; car celle qui est ici entre les deux mots n'est pas plus longue que les deux autres, parce que souvent, dans la bonne prononciation, l'adjectif n'est séparé de son substantif que par une pause égale à celle qui est marquée entre les syllabes d'un même mot. Après cela on aspire pour la troisième fois pendant un temps plus long que la seconde. Le repos qui accompagne toujours l'aspiration est marqué ici par une virgule qui sert aussi à marquer l'hémistiche. L'expiration suivante se compose de six sons, lesquels sont encore autant de syllabes : *que vous é tes heu reux.* Ces sons sont séparés entre eux par cinq pauses, dont la quatrième semble être plus longue que les autres.

D'après cet aperçu, tout lecteur attentif sera persuadé comme nous, 1° que, dans ce vers de douze syllabes, il n'est besoin que de trois aspirations ; 2° que malgré la vérité de ce principe naturel, mais inutile en théorie, que chaque aspiration appelle invinciblement une expiration, celle-ci peut être composée de plusieurs syllabes ; 3° que ce qui marque dans la prononciation la séparation d'une syllabe à l'autre, est toujours une pause brève, mais souvent sans aspiration.

Les principes de M. Lemare se trouvent encore plus erronés si on en fait l'application aux syllabes composées de plusieurs sons ; car il n'existe, et il ne peut même exister aucune espèce d'aspiration ni de pause entre les sons d'une même syllabe. Prenons pour exemple les mots *aïeux*, *fiacre*, *gloire*. Voici comment nous pouvons analyser ces mots, suivant la manière ordinaire dont ils sont prononcés :

AÏEUX ..

    A, 1re syllabe..... { aspiration. / voix........a.

         Pause très-brève.

    ÏEUX, 2e syllabe... { voix........i. / voix.......eu } diphthongue *ieu*, ou même triphthongue *ieu*.

FIACRE..

    FIA, 1re syllabe.... { aspiration. / consonne....f. / voix........i. / voix.......a. } diphthongue ou 2 sons.

         Pause très-brève.

    CRE, 2e syllabe.... { consonne....c. / schéva......e. } 1er son. { consonne....r. / voix muette..e. } 2e son.

GLOIRE..

    GLOI, 1re syllabe... { aspiration. / consonne....g. / schéva......e. } 1er son. { consonne....l. / voix.......ou / voix.......a. } diphthongue 2e et 3e sons.

         Pause très-brève.

    RE, 2e syllabe..... { consonne....r. / voix........e. } son muet.

Nous avons encore ici accordé une aspiration au commencement de chaque mot; mais si on prononçait *nos bons aïeux*, entre *bons* et *aïeux* il n'est point d'aspiration ; on n'y trouve que la pause très-brève qui sépare les syllabes entre elles, *bon za ïeux.* Nous avons donc eu raison de dire que, par une seule expiration, nous pouvons faire parvenir à l'ouïe plusieurs syllabes, ainsi que la sensation des pauses brèves d'une syllabe à l'autre ; nous dirons de plus que, dans chaque syllabe composée, l'ouïe peut distinguer plusieurs sons ; et, dans chacun de ces sons, outre la voix, qui en est la seule partie sonore, l'ouïe nous fait toujours remarquer une, et même parfois plusieurs articulations.

Le son peut bien avoir, comme nous venons de le dire, plusieurs espèces d'articulations, mais il ne peut jamais avoir plus d'une voix ; par exemple, si l'on n'aspire point avant *a* de *aïeux,* le son n'a que la pause pour articulation. Si l'on aspire, on peut le considérer comme en ayant deux : la pause plus l'aspiration, supposé que l'on mette celle-ci au rang des articulations. Si on aspire l'air avant de prononcer le mot *papa,* le premier son aura trois articulations, l'aspiration, la pause, et la consonne *p ;* le dernier son en aura deux, la pause et la consonne.

Si nous voulons trouver absolument une articulation pour chaque voix, nous serons embarrassés pour la voix *eu,* dans *aïeux ;* ce qui précède ce son n'est ni une aspiration, ni une pause, ni une consonne. Dira-t-on que c'est la voix *i ?* Cette manière de raisonner, outre qu'elle ne servirait à rien, ne serait point exacte. Car, dans l'analyse des sons, nous devons tenir compte des moindres choses : en prononçant *yeux*, on change subitement la forme *i* en celle de *eu*. Le mouvement qui opère ce changement de forme, quoique moins sensible à l'ouïe que la pause la plus brève, doit entrer en ligne de compte ; nous en verrons l'utilité par la suite ; mais il est nécessaire, avant tout, de lui donner un nom. Nous serions maîtres de choisir entre ceux de *jointure* et de *ligature;* mais nous croyons pouvoir, sans inconvénient, fabriquer celui de *ligate*, petit lien, diminutif de ligature, lequel aura l'avantage de n'avoir jamais été employé, et de ne pas rappeler à l'esprit d'autres idées que celle du mouvement ou plutôt de l'effet du mouvement qui unit tellement une voix à une autre voix dans la prononciation, que ces deux voix semblent souvent n'en former qu'une, parce qu'il ne se place entre elles ni aspiration, ni pause, ni consonne. Deux voix aussi fortement liées sont de vraies diphthongues.

La ligate sera donc une troisième espèce d'articulation. Elle a ceci de remarquable, que si elle précède une voix, elle n'y souffre point qu'une autre articulation l'accompagne, tandis que l'aspiration, la pause et la consonne marchent souvent de compagnie. Nous aurons occasion de remarquer par la suite qu'il est deux sortes de ligates.

DE LA CONSONNE, QUATRIÈME ESPÈCE D'ARTICULATION.

Nous avons été souvent obligés d'employer le mot de *consonne* sans avoir préalablement expliqué ce que nous devons entendre par ce mot ; et c'est ce qui n'arrive que trop fréquemment, que l'on soit réduit à se servir de mots mal définis et mal compris, pour donner la définition d'autres mots que l'on veut faire comprendre ; mais si nous avons été assez heureux pour donner une idée juste des mots *aspiration, pause* et *ligate*, nous n'en réussirons que mieux à donner aussi une idée juste de la quatrième espèce d'articulation qu'on nomme *consonne*.

C'est ici plus que jamais que le mécanicien, occupé de son automate parlant, mettra une attention soutenue à épier les diverses situations et mouvements du mécanisme naturel, s'il veut parvenir à l'imiter. Si, dans la voix, il n'a vu qu'une chose, la forme, dans la consonne il en reconnaîtra deux, la forme et le mouvement. Suivons-le donc dans toutes ses observations, afin de décrire aussi bien que possible les différentes formes consonnes et leurs mouvements.

Formes *m* , *b* , *p* , comme dans les mots *bête, paître, maître.*

Ces trois formes sont très-distinctes des autres formes consonnes. La bouche est fermée, l'air est poussé sur les lèvres closes ; c'est pourquoi on les appelle *labiales.*

La forme *m* n'exige qu'un contact faible ; une portion de l'air s'échappe par le nez. Pour la forme *b*, le contact est plus faible, et il s'échappe moins d'air par le nez. Pour la forme *p*, le contact est complet, aucun air ne s'échappe par le nez. Tel, est le résumé des principales observations que fait Volney sur ces consonnes, observations qui, quoique vraies selon la manière ordinaire de prononcer, seraient insuffisantes pour le mécanicien qui voudrait bien étudier les différentes formes consonnes. Nous remarquerons seulement que les divers degrés de contact peuvent tellement varier, qu'il est facile de prononcer *m* avec un contact plus fort que pour *p*, quoique sur le même ton. D'où proviennent donc alors ici ces sensations différentes dont l'ouïe est frappée ? Assurément elles proviennent encore de la situation variable de quelques organes, autres que les lèvres. Qu'on fasse bien attention à ce qui se passe au fond du gosier, lorsqu'on se prépare à prononcer *ma*, *ba* ou *pa*, et l'on sera persuadé que c'est dans cette partie de la bouche plus qu'ailleurs que se trouve la plus grande différence dans les formes de ces trois consonnes.

Il faut bien nécessairement que le contact des lèvres existe pour *m*, *b* et *p*. Mais, nous le répétons, ni la position de la langue, ni les divers degrés de ce contact pour différencier ces trois consonnes, ne sont nullement de rigueur.

Pour prononcer *m*, le canal nasal doit être ouvert; la situation des organes au fond du gosier est naturelle et telle qu'elle se trouve lorsque nous respirons tranquillement et faiblement; la langue ne touche point au palais. Si nous fermons la bouche sur la forme de la voix *á*, nous avons la forme de la consonne m (1); si ensuite nous poussons l'air contre cette dernière forme, une partie de cet air aura déja passé par le nez avant la rupture du contact des lèvres. Cette rupture arrive-t-elle? alors se fait le mouvement indispensable pour toutes les consonnes.

Si nous passons de la forme m à celle qui est nécessaire pour b, nous sentons un petit resserrement de quelques-uns des organes gutturaux. Ce léger changement de forme change à son tour la direction de l'air; car la plus grande différence qui existe entre m et b, c'est que pour b l'air est poussé droit à la bouche, et qu'avant la rupture du contact il s'en échappe très-peu, ou même il n'en sort pas du tout par le nez : sans doute que le canal nasal est comme fermé, ou que l'air ne s'y dirige pas aussi directement : ajoutons que pour b, il faut une explosion plus rapide ou plus forte de l'air que pour m; et pour cela il est nécessaire ou que les lèvres soient plus fermées, ou que la langue se rapproche davantage du palais, ou que l'air soit poussé des poumons avec plus de force, conditions qui, réunies, marquent encore mieux la différence qui existe entre b et m.

Pour la forme p, il faut seulement une situation d'organes encore plus prononcée que pour b, et surtout le resserrement guttural plus fort. Par là le canal nasal est sans doute entièrement fermé, car aucun air

______

(1) M est pour les consonnes ce que $\acute{a}$ est pour la voix; le mot le plus facile à prononcer pour l'enfance est *maman*.

ne s'échappe par le nez. L'explosion doit être encore plus forte que pour b, cette dernière modification est tout-à-fait nécessaire. Ainsi on peut dire qu'il y a plus d'air poussé sur la forme p que sur la forme b, et plus sur la forme b que sur la forme m. Volney remarque qu'il s'est fait de tout temps et en toutes langues, des permutations habituelles de ces trois consonnes; il nous apprend aussi que les Arabes ne se servent point de p, et qu'ils ont de la peine à distinguer à l'ouïe la différence de prononciation qui existe entre le b et le p, tant ces deux consonnes ont d'affinité. Cependant il existe à coup sûr une légère différence entre les formes de ces deux consonnes, et nous croyons remarquer que, dans la rupture du contact des deux lèvres pour p, c'est plus essentiellement par la lèvre inférieure que cette rupture a lieu, et qu'alors l'air se dirige de haut en bas, tandis que pour b il se dirige plus horizontalement.

Aucun air ne s'échappe par la bouche avant la rupture du contact, pour les labiales m, b et p.

v et f, comme dans les mots *Valence*, *faïence*.

Ces consonnes proviennent du contact de la lèvre inférieure avec le tranchant des dents incisives supérieures; ordinairement le contact est doux pour v, et plus serré pour f. Mais ce contact plus ou moins fort n'est pas la seule cause de la différence de ces deux consonnes. Le plus ou moins de force dans l'expiration, et une direction de l'air autre pour v que pour f, amènent entre ces deux consonnes la même différence qu'elles ont amenée entre b et p.

Pour v, le fond du gosier est disposé comme pour b. Le resserrement n'est cependant pas aussi fort; la langue est plus obligée de s'éloigner du palais.

Pour f, le resserrement guttural est plus fort que pour v, et se fait surtout sentir dans la partie supérieure. L'explosion d'air est aussi plus forte. Cet air semble mieux contourner le palais, et partir de haut en bas : sans doute qu'étant poussé plus fort ou depuis plus long-temps contre cette forme, il aura rempli les cavités du palais. Ainsi la différence qui existe entre v et f est produite par des différences de formes et de mouvements analogues à ceux qui produisent la différence des consonnes b et p.

Nous venons de voir que c'est un air poussé plus tôt et avec plus de force qui produit ce que les grammairiens nomment *consonnes fortes*. Cette différence dans l'explosion de l'air nous paraît être aussi sensible que la différence de forme. Car si l'air des poumons est poussé durant un certain temps et avec beaucoup de force sur les formes faibles b et v, et que la rupture du contact se fasse brusquement, l'on croira avoir entendu prononcer les consonnes fortes p et f, plutôt que les consonnes faibles pour lesquelles les organes étaient disposés. Que de causes peuvent concourir à modifier de diverses manières la prononciation des sons parlés! Heureux si nous pouvons bien apercevoir les plus saillantes!

Pour *v* et *f*, il peut s'échapper un peu d'air entre les dents, avant la rupture ou mouvement qui change la forme consonne. Ceci produit alors une espèce de sifflement : c'est pourquoi les grammairiens appellent ces sortes de consonnes *sifflantes*.

d et *t*, comme dans les mots *dupe*, *tulipe*.

Ces deux consonnes proviennent ordinairement du contact de la pointe de la langue avec la paroi intérieure des dents incisives supérieures ; mais la place de ce contact peut changer, et son plus ou moins de force n'est pas toujours encore ici la cause déterminante de l'une ou l'autre prononciation.

T est classé par les grammairiens comme la forte de *d* ; et en effet *t*, suivant la prononciation française, exige que la rupture du contact de l'air soit plus ferme que pour *d*. Car si on essaie de tenir une forte expiration en arrêt sur la forme de cette dernière consonne, et si ensuite on rompt brusquement le contact, en voulant prononcer *d*, l'air en s'échappant fait entendre une espèce de *t*.

Si *t* est plus fort par l'explosion, *d* est plus dur par la forme : car *d* est guttural ; il exige une forme particulière au fond du gosier ; le larynx éprouve un petit gonflement, et semble s'abaisser ; par là le canal nasal est sans doute plus ouvert que pour *t*, car *d* est nasal, et *t* ne semble point l'être du tout. C'est ce qui fait sans doute qu'il est plus difficile de prononcer *d*, après un son nasal, comme *grand-homme*, qu'on prononce plus facilement *grant-homme*, tandis qu'au contraire *t* nous semble plus fort et moins glissant dans *Attisson* que *d* dans *Addisson*. L'expiration est totalement en arrêt sur ces deux consonnes.

La langue, en rompant le contact, se porte plus facilement en avant pour *t*, tandis qu'on peut prononcer *d* en retirant la langue en dedans : ce qui est d'accord avec le gonflement du gosier, et ce qu'on ne pourrait pas faire pour *t*.

La différence sensible que nous trouvons entre ces deux consonnes, nous ne la trouvons telle que par un effet de l'habitude de les prononcer, propre à notre nation. Car on peut bien concevoir un *t* aussi doux que *z*, presque aussi sifflant, et sur la forme duquel l'expiration ne serait presque point retenue. Ce serait alors le *t* doux anglais dont parle Volney.

l et *n*, comme dans les mots *lait*, *néant*.

Ces consonnes se forment comme les précédentes, par le contact de la langue avec le palais ou avec les dents incisives supérieures. Cependant, pour celles-ci, c'est plus habituellement au palais que le contact a lieu.

Nous avons dit que l'expiration est totalement en arrêt sur les formes *d* et *t*. Il n'en est pas de même pour *l* et *n*.

Si nous disposons nos organes comme pour *d*,

qu'ensuite nous fassions un changement insensible au fond du gosier pour ne pas toujours tenir l'expiration en arrêt, mais, au contraire, pour laisser passer par le nez une partie de l'air, et qu'après cela nous rompions le contact (moins promptement), nous prononcerons alors la consonne *n*.

Entre *l* et *n* il y a ordinairement cette différence dans la forme du contact, que pour *n* la pointe de la langue joint et serre même les dents, et que pour *l* le contact du bout de la langue peut avoir lieu bien plus facilement au milieu et même au fond du palais.

Outre la place du contact, qui peut être la même, et l'expiration, qui n'est pas toujours retenue également sur les formes de ces deux consonnes, il faut remarquer que pour *l* le fond du gosier est plus aisé que pour *n*; que pour la première de ces consonnes il ne s'échappe point d'air par le nez, ou du moins pas autant que pour la dernière, mais aussi qu'il s'en échappe par la bouche avant la rupture du contact; ce qui n'a pas lieu pour *n*. Comme nous l'avons déja dit, ce n'est pas autant la place précise du contact, ni son plus ou moins de force, qui caractérise le mieux la différence des consonnes. Cette différence est produite le plus souvent par des formes et des mouvements inaperçus, et, pour ainsi dire, indescriptibles, qui se passent au fond du gosier, et qui, en donnant à l'air une direction différente, lui donnent une empreinte, un son différent ; et c'est bien

6.

ce qui a lieu surtout ici , lorsqu'on passe d'une forme à l'autre de ces deux consonnes *n* et *l*.

z , *s*, *j* et *ch*, prononcés comme dans les mots *zoïle, savant, jamais, château.*

De même que *v* et *f*, ces quatre consonnes sont sifflantes , c'est-à-dire que, pour les prononcer, il s'échappe ordinairement un peu d'air par la bouche, avant le mouvement qui change la forme consonne.

Pour *z* et *s*, il faut appuyer le bout de la langue contre les dents incisives inférieures ou supérieures , car les deux dentiers se touchent presque; une partie de la langue touche au palais par ses bords, et resserre ainsi beaucoup mieux le passage de l'air, qui ne peut s'échapper que vers le milieu de la langue. Néanmoins , pour *z*, c'est plus habituellement aux dents inférieures que le bout de la langue touche.

Pour *z*, l'expiration est moins forte, plus aisée, et vient plus directement s'échapper entre les dents; elle reçoit aussi ordinairement une espèce de trémoussement plus marqué du bout de la langue.

Pour *s*, l'air est sans doute poussé avec plus de force, ou retenu en plus grande partie sur la forme, quoiqu'il s'en échappe comme pour siffler ; alors *s* est un peu nasal, tandis que *z* ne l'est point. Le mouvement qui produit la rupture du contact et change la forme consonne, est plus ferme pour *s*; et l'air, en s'échappant, semble avoir mieux contourné le palais et venir de haut en bas.

Si, au lieu d'appuyer la pointe de la langue contre les dents incisives, on l'appuie au palais et qu'on veuille prononcer *z*, on prononce *j*. Si l'on veut prononcer *s*, on prononce *ch*. Mais pour bien émettre les consonnes *j* et *ch*, il ne faut point de trémoussement du bout de la langue. Celle-ci paraît plus raide, et les organes de la parole, au fond du gosier, présentent aussi d'autres formes ; car si on passe des formes *z* et *s* aux formes *j* et *ch*, on sent un petit gonflement au gosier.

Pour *j*, l'expiration est plus aisée que pour *ch*, et moins sifflante que pour les autres trois consonnes *z*, *s* et *ch*. Sans doute que l'air est moins resserré, et qu'il s'échappe aussi en plus grande quantité ou en moins de temps.

Pour *ch*, le contact de la langue au palais est ordinairement plus prononcé, un peu plus en arrière que pour *j*. Mais ce qui fait le mieux sentir la différence qui existe entre ces deux dernières consonnes, c'est surtout l'expiration plus forte et beaucoup plus retenue sur la forme *ch*, qui devient par-là un peu nasale, et l'air venant de haut en bas, parce qu'il a mieux rempli, contourné le palais, et que la rupture du contact est plus ferme.

Ch, comme dans *chat*, *château*, etc., est une consonne aussi simple à la prononciation que *j*, *s*, *z*, etc. ; et, comme toutes les consonnes, *ch* devrait avoir un caractère simple pour la représenter dans l'écriture. C'est ce qui nous manque dans notre alphabet.

g et *c*, prononcés comme dans les mots *gâteau, cantique.*

Voici deux consonnes dont les formes sont bien distinctes des autres ; c'est là sans doute la raison qui fait que chacune d'elles peut prendre plus facilement diverses teintes et faire sentir à l'ouïe plus de variétés dans la prononciation. On les nomme gutturales, parce que ce sont plus particulièrement les organes gutturaux qui contribuent à les former.

Pour *g*, les organes sont disposés comme pour se gargariser ; la langue touche presque par sa racine au fond du palais, et l'expiration est fortement en arrêt.

Pour *c*, les organes gutturaux sont disposés comme pour l'action de cracher. Le contact de la langue a lieu ordinairement par son milieu et aussi au milieu du palais, et l'expiration est encore plus fortement en arrêt.

Pour prononcer ces consonnes, nous éprouvons un gonflement très-marqué au gosier ; il est bien facile de sentir la différence des deux formes *g* et *c* par ce qui se passe au fond du gosier ; mais comme nous ne pouvons pas voir ce qui s'y passe, il sera toujours bien difficile de l'expliquer.

C est classé par les grammairiens comme la forte

de *g* , et c'est aussi une plus grande quantité d'air poussé en moins de temps et avec plus de force qu'il faut sur cette forme. Il est aussi plus nasal que *g*, et la langue y est aussi plus nécessaire pour la rupture du contact ; cette rupture est plus ferme, et l'air contourne mieux le palais.

Ces deux consonnes seront d'autant plus dures, que le contact de la langue sera plus prononcé et aura lieu plus au fond du palais, et elles seront d'autant plus douces que ce contact sera plus faible ou s'approchera davantage des dents, et que le gosier sera moins gonflé. Ainsi on conçoit facilement que chacune de ces consonnes peut varier beaucoup et prendre différentes teintes, suivant les différentes variétés dans la forme de chaque espèce, et suivant que l'expiration ou le contact sera plus ou moins fort. Par exemple, si on adoucit l'expiration et qu'on forme, autant que possible, le contact près des dents, la prononciation de *c* ressemble un peu à celle de *t*, et celle de *g* ressemble aussi à celle de *d* ; et si, au contraire, le contact des consonnes *d* et *t* a lieu le plus près possible du gosier, *d* ressemble à *g*, et *t* à *c*.

r comme dans *râteau*.

Si, sur une situation d'organes à-peu-près semblable à ceux de la forme *g*, on essaie de ne point mettre la langue en contact avec le palais, et qu'on fasse faire à la langue deux ou trois vibrations pendant le passage de l'air, on aura la prononciation *r*, comme dans *affaire*, prononcé à la manière des Parisiens. Ce *r* peut se nommer guttural ; car l'habitude des Parisiens étant de parler avec la bouche plus ouverte ou riante qu'on ne fait dans bien d'autres pays, il faut nécessairement que chez eux les vibrations se fassent au fond du gosier. Un plus grand nombre de vibrations de la langue fait entendre le *r* provençal, dont les Parisiens font aussi usage, avec la différence que les Provençaux prononcent le *r* guttural plus gravement (la bouche plus fermée) que les Parisiens.

Suivant le nombre de vibrations de la langue, et selon la place qu'elle choisit pour les produire, soit par sa racine, par son milieu, ou par son extrémité, on obtient plusieurs sortes de *r*. Cette consonne est encore une de celles qui varient le plus. Dans bien des mots, les Anglais, à l'inverse des Parisiens, tenant la bouche fermée avec un air grave et un ton paresseux, la langue étant comme engourdie, laissent passer avec gêne un son froissé, qui porte à l'oreille la sensation d'un son bègue ; la langue alors ne subit qu'une vibration peu sensible. Ce *r*, Volney le nomme avec raison *r* doux ; car l'expiration n'y est pas plus en arrêt que sur le *t* doux anglais dont nous avons parlé.

Il existe un milieu bien marqué entre le *r* doux anglais et le *r* parisien ; c'est celui que l'on produit par une seule vibration, mais bien marquée, du bout de la langue, en touchant légèrement les dents incisives supérieures ou la partie du palais voisine de ces dents. Ce *r* est en usage dans certains pays, surtout à Lyon, où cependant l'usage semble s'en perdre insensiblement par la mode qu'on y a prise d'imiter les Parisiens dans leurs prononciations bonnes ou mauvaises.

Volney trouve de l'analogie entre *r* et *l*, et M. Destutt regarde ces deux consonnes comme deux jumelles. C'est surtout le *r* lyonnais, dont nous venons de parler, qui aurait le plus d'analogie avec *l*; il n'y a d'autre différence que la vibration du bout de la langue de plus pour *r*; car pour cette dernière espèce de *r* seulement, il existe un contact qui, quoique moins ferme que pour *l*, se fait aussi par la langue au même endroit. Mais on peut ajouter que la cause de cette vibration pour *r* vient d'une situation d'organes au fond du gosier, telle que l'expiration est entièrement orale, tandis que pour *l* il passe de l'air par le nez; ce qui rend ces deux consonnes bien distinctes, quoiqu'elles se soient changées quelquefois l'une en l'autre, que *lousciniola* latin, par exemple, soit devenu *rossignol* en français, et que les Chinois, qui, à ce qu'on rapporte, n'ont point de *r* dans leur langue, prononcent *l* tout en voulant prononcer *r*.

Nous terminons ici la liste de nos consonnes. On verra ailleurs la raison pour laquelle nous n'y comprenons point l'aspiration douce et forte, non plus que les mouillées *gn* et *ill*, que M. Destutt met au rang des consonnes. Nous ne nous sommes point astreints à suivre la classification d'aucun grammairien ; ils sont en cela trop peu d'accord entre eux. Nous croyons néanmoins devoir donner le tableau des articulations par M. Destutt ; on pourra le comparer avec la description que nous avons faite des diverses espèces d'articulations, et surtout des diverses formes consonnes. Mais auparavant tâchons de bien définir la consonne qui forme la quatrième espèce d'articulation.

Volney définit ainsi la consonne :

« La consonne est le contact plus ou moins com-
« plet de certaines parties de la bouche, telles que les
« lèvres, les dents, la langue, le palais, le voile du
« palais, lequel contact affecte l'ouïe d'une sensation
« indivisible et distincte de ce qui la suit ou la pré-
« cède, soit voyelle, soit autre contact ou consonne. »

Cette définition ne nous paraît point exacte, 1° parceque, pour émettre les voix *i, é, u,* il existe un contact plus ou moins fort de la langue avec le voile du palais, comme nous avons eu occasion de le remarquer en parlant des différentes formes de voix (p. 5o-5a), et assurément ces voix *i, é, u,* ne sont point des consonnes ; 2° parce que la consonne *r,* pour être émise à la manière des Parisiens ou des Anglais, n'a besoin du contact d'aucune partie de la bouche, mais seulement d'un mouvement ou vibration de la langue ; et cependant *r* est bien une consonne.

Pour bien distinguer une voix d'une consonne, rappelons-nous que, pour prononcer une voix, nous disposons d'abord nos organes sur une forme quelconque de voix ; cette forme une fois disposée, nous n'avons pas de mouvement à faire dans la bouche ; nous n'avons besoin, pour prononcer cette voix, que de chasser l'air des poumons contre cette forme ; et la forme de voix, quelle qu'elle soit, laisse toujours un passage à l'air.

Pour prononcer une consonne, nous disposons également nos organes supérieurs pour la forme convenable de cette consonne (car chaque consonne a sa forme, comme nous venons de le voir). Mais nos organes une fois disposés, nous tenons l'air en arrêt contre cette forme. Cet air est plus ou moins retenu, et quelquefois, suivant l'espèce de consonne, il s'en échappe un peu par le nez ou par la bouche. Mais, soit que la forme le retienne, soit que nous ne le poussions pas assez fort, il attend, pour bien s'échapper, le mouvement qui change la forme consonne en une forme quelconque de voix. Ainsi l'air, avant de s'échapper, ou, pour mieux dire, avant de faire explosion, s'étant moulé sur la forme consonne, entraîne, pour ainsi dire, avec lui, l'empreinte de cette forme, et produit alors nécessairement, en s'échappant sous la forme de voix, une sensation différente de celle qui est produite par la voix simple seulement, où l'air est poussé directement des poumons sur une situation permanente des organes, sans rencontrer aucun obstacle à son passage.

Ainsi il faut entendre par le mot de *consonne*, la partie du son qui produit le plus de sensation à l'ouïe après la voix. Cette sensation est celle d'une ou plusieurs vibrations de la langue pour la consonne *r*, et pour les autres consonnes d'une situation quelconque d'organes qui resserre le passage de l'air dans la bouche, beaucoup plus que pour les différentes formes de voix, suivie d'un mouvement pour prendre une forme quelconque de voix; car, pour que la consonne soit entendue, il faut nécessairement qu'elle soit suivie d'une voix, ne fût-ce que l'*e* muet. En résumé, nous distinguons deux choses dans la consonne : la forme, et le mouvement; tandis que la voix n'a pas besoin de mouvement d'aucune des parties de la bouche.

Le mot *consonne* ne convient pas à Volney. Il dit à ce sujet : « Ce qui n'a point de son ne peut pas « sonner avec (le son simple ou la voix). » Tout en convenant que la consonne seule n'a point de son, nous observerons qu'elle est aussi la seule espèce d'articulation qui exige des formes dans l'instrument supérieur de la parole, et que ces formes, en donnant une teinte particulière au son, produisent des sensations à l'ouïe, différentes de celles que produisent des formes simples de voix. Or ce qui produit des sensations à l'ouïe, peut bien ne pas sonner, ne point faire de sensation seul ; mais il peut faire sensation à l'ouïe ou sonner avec la voix, et c'est ce qui arrive pour la consonne. La moitié des mots dont on se sert en grammaire, ne valent pas celui-ci, à beaucoup près.

De l'idée qu'on doit attacher à ce mot ARTICULATION.

M. Lemare s'éloigne sans motif de l'idée de M. Des-tutt, et croyant simplifier la matière, il ne reconnaît qu'une seule espèce d'articulation, qu'il nomme aspiration ; car il dit : « Chaque consonne ou aspiration a « été rapportée à un ou plusieurs organes (1). Il y a « des consonnes gutturales, palatales, etc. » Vouloir mettre les consonnes au rang des aspirations, c'est réellement vouloir tout embrouiller, et se mettre mal à propos en opposition avec tous les grammairiens, dont la plupart excluent ce qu'ils appellent des aspirations du rang des consonnes (nous disons ce qu'ils appellent, car nous n'avons pas encore bien compris ce qu'ils entendent par ce mot), et dont les plus hardis ne les y admettent qu'en hésitant.

Il arrive souvent qu'on n'est pas content d'un mot, quoique très-souvent employé. C'est alors une preuve que sa valeur n'a pas été bien déterminée. M. Destutt, en parlant du mot *articulation*, dit : « Je n'aime point « cette dénomination, parce qu'elle dérive de l'idée de « liaison, de jointure, et que les articulations sont si « loin d'être les liaisons des sons, qu'au contraire ce « sont elles qui séparent un son de celui qui le suit (2). »

______

(1) Nous le demandons à M. Lemare, à quels organes M. Destutt rapporte-t-il les aspirations faibles et fortes ? sont-elles au rang des articulations organiques ? (Voyez le Tableau des articulations de M. Destutt, page 95.)

(2) Il semble que M. Destutt entende ici par *son* la voix seule.

Il nous semble qu'une chose qui en lie deux autres ne peut faire autrement que d'en marquer la séparation : par exemple, la couture qui lie un drap bleu à un drap blanc, n'en laisse pas moins la séparation marquée ; il en est de même des nerfs qui lient entre eux les os du corps humain. Le mot d'*articulation* vaut donc infiniment mieux que celui d'*aspiration*, que M. Lemare lui a substitué. Le premier de ces mots est générique, et doit s'entendre de toutes choses qui séparent une voix d'une autre voix. Cette manière d'entendre le mot *articulation* ne peut cependant être exacte que dans le milieu du discours ; car ce mot amène naturellement à l'esprit l'idée de deux choses, l'une qui précède l'articulation et l'autre qui la suit ; mais si on commence un discours, un poème, comme par exemple la Henriade, qui commence par une consonne, et qu'on dise :

Je chante ce héros qui régna sur la France.

Je le demande, quelle est la chose qui aura précédé la consonne *j* ? On ne peut raisonnablement rien citer qui puisse être considéré comme faisant partie des éléments du langage ; il nous est donc permis d'avancer qu'en toutes occasions le nom de *prévoix* conviendrait beaucoup mieux que celui d'articulation ; car ce que nous avons compris jusqu'à présent par ce dernier mot, c'est proprement, comme dit M. Destutt : « La manière dont le son commence « à nous affecter, le résultat de la manière dont il « commence à être produit. »

TABLEAU DES ARTICULATIONS,

SUIVANT M. DESTUTT.

ARTICULATIONS		CONSTANTES ou ISOLÉES.	VARIABLES ou JUMELLES	
			faibles.	fortes.
ORGANIQUES — LABIALES — nasale		*m* mort.		
ORGANIQUES — LABIALES — orales — muettes			*b* baquet.	*p* paquet.
ORGANIQUES — LABIALES — orales — sifflantes			*v* vendre.	*f* fendre.
ORGANIQUES — LINGUALES — nasale		*n* nord.		
ORGANIQUES — LINGUALES — nasale mouillée		*gn* règne.		
ORGANIQUES — LINGUALES — orales — muettes — dentales			*d* dôme..	*t* tome.
ORGANIQUES — LINGUALES — orales — muettes — gutturales			*g* galle..	*k* cale.
ORGANIQUES — LINGUALES — orales — muettes — liquides (1)			*l* loi...	*r* roi.
ORGANIQUES — LINGUALES — orales — muettes — liq. mouillée		*ill* paille.		
ORGANIQUES — LINGUALES — orales — sifflantes — dentales			*z* zélé...	*ch* chapon
ORGANIQUES — LINGUALES — orales — sifflantes — palatales			J Japon.	*s* scellé.
Aspirées			Ⱶ amour.	H héros.

(1) Je me détermine, contre l'avis de Beauzée, à mettre les liquides parmi les variables, parce qu'elles ont presque autant d'analogie ensemble que toutes les autres.

Les nasales et les mouillées sont les seules articulations isolées, parce que de deux nasales, l'une est labiale et l'autre linguale; et des mouillées, quoique toutes deux linguales, l'une est nasale et l'autre liquide, ce qui fait qu'on ne peut les réunir.

Du mot SON.

Nous avons fait du mot *son* comme du mot *consonne*, nous en avons beaucoup parlé sans l'avoir encore bien compris. Tâchons maintenant de le mieux comprendre, en examinant toutes ses qualités, comme on ferait d'un corps matériel qu'on voudrait bien connaître.

Nous avons remarqué dans le son cinq qualités bien distinctes : la prévoix, la voix, l'accent, le ton, et la durée. Ces cinq qualités sont aussi inhérentes au son, que celles d'étendue, de densité, de porosité, etc. sont inhérentes à tout corps matériel ; car il est aussi difficile au son d'exister sans l'une des cinq qualités que nous venons de désigner, qu'à un corps matériel d'exister sans être étendu, poreux, et dense, etc., à tel ou tel degré. Nous pouvons bien avoir un caractère particulier pour figurer chacune de ces cinq qualités du son, et c'est ce qui serait de rigueur dans une écriture exacte, mais il faut la réunion de ces cinq caractères pour exprimer le son tout entier, pour le déterminer complétement ; comme il faut l'énumération de toutes les qualités d'un corps, pour en composer la description complète. M. Destutt, dont nous copions ici à-peu-près le texte, n'admet point, comme nous, les accents au nombre des qualités sensibles du son. Nous ferons bientôt en sorte de justifier cette innovation de notre part, que nous croyons de la plus grande utilité, et nous fixerons le sens que nous attachons au mot *accent ;* mais avant tout, tâchons de donner une idée juste de ce que nous devons entendre par les mots *ton* et *durée,* deux autres qualités du son plus faciles à connaître ; après quoi notre route sera moins embarrassée.

Figurons-nous encore un habile mécanicien qui aurait enfin construit et organisé un automate parlant. Supposons qu'il soit parvenu à faire prononcer à cet automate non-seulement les sons simples que nous avons nommés *voix*, mais encore à faire précéder ces voix des différentes consonnes ; voilà assurément bien des difficultés vaincues. Mais si l'artiste vient à s'apercevoir que dans son automate le degré d'élévation de la voix est trop monotone, en ce qu'il n'est jamais ni plus haut ni plus bas, et que les voix ouvertes sont toutes d'égale durée ; que fera-t-il pour obtenir différents tons, pour en produire cinq, par exemple : un moyen, un bas, un haut, un très-bas, et un autre très-haut ? Il disposera le mécanisme qui pousse l'air des soufflets contre les différentes formes, de manière à pousser sur la même voix deux fois plus d'air sur le ton bas que sur le ton très-bas, trois fois plus sur le ton moyen, et ainsi de suite dans la même proportion, ou dans toute autre qu'il lui plaira, en ayant égard à la force d'expiration qu'il faut pour chaque forme de voix sur son ton moyen ; et c'est là précisément ce que nous faisons en parlant sur différents tons. Si nous parlons bas, nous ne poussons pas autant d'air, ni avec autant de force que si nous parlons haut ; ainsi il faut entendre par les différents tons de voix, les divers degrés d'élévation ou d'abaissement de cette voix. Le nombre de ces degrés est infini ; il serait impossible de les spécifier tous et de les noter. M. Destutt pense qu'on n'en a pas besoin de plus de

7

trois : admettons-en cinq pour rendre l'écriture encore plus exacte.

Quant à la durée, rien ne se conçoit mieux que les moyens à employer pour l'obtenir par le mécanisme. Qu'on examine une serinette, on verra que son cylindre, afin de commander aux différents leviers qui ouvrent et ferment les tuyaux d'air, est garni de touchettes plus ou moins longues, dont les divers degrés d'étendue sur ce cylindre sont en rapport direct avec les divers degrés de durée qu'on veut donner au passage de l'air dans ces tuyaux. Supposons maintenant que l'automate parlant soit aussi pourvu d'un cylindre pour commander aux divers mouvements comme à l'ouverture du tuyau de voix, et qu'on ait donné, par exemple, à la touchette qui commande à la durée d'une voix fermée, la longueur de trois centimètres, il est clair qu'avec des touchettes de six, huit, et même dix centimètres, on obtiendrait des voix dont les formes seraient ouvertes plus ou moins long-temps, ou plus ou moins longues, et cela sur un ton comme sur l'autre, car rien n'empêche que le ton soit très-haut sur une voix brève, ou au contraire très-bas sur une voix longue.

Maintenant faisons l'application sur notre automate des principes que nous venons d'établir pour la voix humaine, quand elle fait entendre des sons ou même un mot, et ne voyons plus que le cylindre pour cause de tout mouvement. Pour régler la durée de ces mouvements, on conçoit assez bien ce cylindre divisé en une infinité de parties égales. Nommons chacune de ces divisions un *temps*. Figurons-nous ce cylindre près de faire prononcer à l'automate le mot *fiacre*, le 1er temps rompt le contact de la consonne *f*; le 2e et le 3e font entendre *i*. Comme rien ne se fait sans le temps, le 4e change la forme; c'est celui de la ligate. Les 5e, 6e, 7e, 8e, 9e et 10e temps font entendre *â*, voix ouverte et longue, qui vient le plus promptement possible s'accoler à *i*, pour former la diphthongue *iâ*. Les 11e, 12e et 13e temps sont ceux de la pause qui sépare une syllabe de l'autre syllabe. Mais pendant ces 11e, 12e et 13e temps, si l'air n'est poussé contre aucune forme, les organes peuvent agir et disposer la forme *c*. Le 14e temps rompt le contact de cette consonne. Pendant le 15e s'opère le plus promptement possible le changement de la forme *c* en la forme *r*; et pendant ce temps à peine entend-on le schéva. Les 16e et 17e temps font faire à la langue les vibrations pour la consonne *r*. Enfin les 18e et 19e temps font entendre l'*e* muet final du mot *fiacre*. Maintenant, qu'on suppose ces 19 temps valoir $\frac{1}{4}$ de seconde pour quelques personnes, ou une seconde pour d'autres, peu importe, nous ne présentons ici qu'un moyen d'établir une approximation sur les rapports de durée qui existent entre les divers éléments du son, sans prétendre les indiquer avec la rigueur du calcul; nous ne voulons que tâcher de donner ici une idée juste de cette durée; car rien ne serait peut-être plus difficile que de préciser les rapports de durée des divers éléments de la parole suivant la bonne prononciation, à moins d'avoir un automate parlant, qui mesure, pour ainsi dire, ces divers degrés. Mais fort heureusement, nous n'avons pas besoin de tant d'exactitude pour parvenir à un système d'écriture satisfaisant; la durée d'un schéva, de la rupture d'un contact, et d'une ligate, sont des durées si infiniment petites dans le discours ordinaire, que nous pouvons les négliger sans inconvénient; la durée des voix fermées ainsi que des nasales étant toujours la même (1), il devient fort inutile de l'indiquer. Quant aux voix ouvertes, les moins longues sont toujours d'une durée plus longue que les voix fermées, et c'est seulement sur les voix ouvertes qu'il conviendrait, dans une écriture exacte, de marquer aussi cinq degrés de durée, deux brefs, un moyen, et deux longs.

Venons au mot *accent*. Nous avons dit, en définissant les voix, que les accents sont de légères variantes de forme pour la même voix; par exemple, la voix *á*, indépendamment de divers degrés de ton et de durée que nous pouvons lui donner, peut encore être prononcée sur une forme grave, moyenne, ou riante, quoique toujours sur la forme *á* (page 48); et nous avons vu que toutes les voix sont susceptibles d'être plus ou moins graves ou plus ou moins riantes,

---

(1) Ceci doit s'entendre pour le discours ordinaire, car, en chantant ou déclamant suivant l'espèce d'intonation oratoire qui convient le mieux, ces voix peuvent prendre un peu plus de durée.

par l'effet d'un léger changement dans les formes. Ainsi, nous avons dû entendre par le mot *accent*, le léger changement dans la forme de la même voix, fait par la même personne, selon qu'elle prononce cette voix d'une manière plus ou moins riante ou plus ou moins grave, suivant la disposition où elle est.

D'Olivet dit, en parlant de l'accent oratoire : « La « voix humaine est si flexible, qu'elle prend naturel- « lement et sans effort toutes les formes propres à « caractériser la pensée ou le sentiment, car non-seu- « lement elle s'élève ou s'abaisse, mais elle se fortifie « ou s'affaiblit, elle se durcit ou s'amollit : elle s'enfle « ou se rétrécit, elle va même jusqu'à s'aigrir. Toutes « les passions, en un mot, ont leur accent ; et les de- « grés de chaque passion pouvant être subdivisés à « l'infini, de là il s'ensuit que l'accent oratoire est « susceptible d'une infinité de nuances, qui ne coûtent « rien à la nature, et que l'oreille saisit, mais que l'art « ne saurait démêler. » Vraisemblablement l'art ne démêlera jamais tout ; mais il ne faut point pour cela se laisser déconcerter par le brillant de ces phrases académiques, qui peignent mieux qu'elles ne définissent les diverses modifications de la voix humaine (1). Quoique l'art ne démêle jamais tout, ce

---

(1) D'Olivet a prouvé du moins, par son excellent Traité de prosodie, l'utilité qu'il y aurait à perfectionner cet art, tandis que Boiste avance, avec une assurance qui tient de la morgue, que les systèmes de prononciation figurée ne peuvent qu'être inutiles ou incomplets.

n'est pas une raison pour le négliger, et si nous parvenons, avec son secours, à noter plus exactement qu'on n'a fait jusqu'ici, non-seulement les diverses voix et prévoix, mais encore les principaux accents, les divers tons, ainsi que les divers degrés de durée du son, ne lui devrons-nous pas beaucoup? Et nous ne devons pas désespérer d'y parvenir; car qui peut assigner un terme à la perfectibilité de l'art?

Comme il est nécessaire de bien entendre ce que nous voulons dire par le mot *accent*, sans nous arrêter à ce que d'Olivet appelle accent prosodique, musical, provincial, ou imprimé, revenons à ce qu'il nomme accent oratoire. Ce qu'il en dit n'est pas très-clair, puisque, dans le même paragraphe, il donne au mot *ton* la même valeur qu'au mot *accent* : cet abus de mots vient, comme nous l'avons remarqué tant de fois, de ce qu'on n'a pas attaché un sens fixe à chacun des deux. Voici la phrase de d'Olivet : « On « interroge, on répond, on raconte, on fait un re- « proche, on querelle, on se plaint, il y a pour tout « cela des tons différents. » Il eût été plus exact de dire, il y a pour tout cela des pauses plus brèves ou plus longues, des sons prononcés plus brefs ou plus longs, sur des tons plus bas ou plus hauts, comme sur des accents plus ou moins graves ou riants.

Nul doute qu'on aura bien compris ce que nous entendons par le mot *durée*, parce que ce mot a une valeur fixe. On peut lui substituer, si l'on veut, celui de *quantité*, comme fait d'Olivet, sans qu'il en résulte la moindre ambiguité. Mais il n'en est pas de même des mots *tons* et *accents;* il ne faut point que le lecteur y ajoute des idées étrangères à celles que nous avons développées pour chacun de ces deux mots ; et ici la langue française semble être en défaut ; car si on consulte les meilleurs dictionnaires comme les meilleurs auteurs, on sera indécis sur le sens que l'on doit attacher à chacun des mots *ton* et *accent :* souvent on les trouvera synonymes, et c'est ce qui n'est pas et ne doit pas être. En nous guidant par l'analyse que nous avons faite du son, nous pourrions facilement, et même avec avantage, remplacer le mot *ton* par celui d'*expiration*, et ainsi au lieu de dire *le ton haut*, *le ton bas*, nous dirions avec plus d'exactitude, *l'expiration forte*, *l'expiration moyenne* ou *faible;* etc. Mais quant à la valeur du mot *accent*, non point telle qu'on la chercherait inutilement dans les dictionnaires, mais telle que nous l'avons donnée à entendre, nous sommes fort embarrassés de trouver un mot qui représente exactement cette valeur. Les mots *ton* et *accent* ayant été employés jusqu'ici plutôt pour représenter des idées générales du son, ou même de plusieurs mots dans le discours, que pour donner une idée fixe et précise de quelques-unes des qualités du son en particulier, ces mots, disons-le, ne peuvent plus nous convenir; ils sont pour nous ce que seraient des outils qu'on aurait gâtés à force de s'en servir à divers usages. Il nous paraîtrait pourtant convenable de substituer le mot *forme* au mot *accent*. Nous di-

rions alors, par exemple : « La forme grave ou riante
« de la voix *â* par une durée longue ou brève et sur
« une expiration forte ou moyenne, etc. » Et l'on nous
entendrait parfaitement. Ainsi, à l'avenir, nous ne
nous servirons plus des mots *ton* et *accent*, dans l'acception que nous leur avons donnée précédemment.
Mais il fallait bien commencer par les employer dans
leur acception ordinaire pour être compris du
lecteur.

Si l'on conçoit facilement ce que nous entendons
par variantes de formes, il n'en est peut-être pas de
même lorsque nous disons, *des formes graves, rian-*
tes, etc. Ceci mérite une explication.

Naturellement et sans nous en apercevoir, nous
mêlons assez souvent le langage d'action au langage
des sons, surtout lorsque nous sommes vivement affectés de sentiments agréables ou désagréables. Par le
langage d'action, nous mettons en mouvement non-
seulement certaines parties de notre corps, telles que
la tête, les bras, mais encore les yeux, qu'avec raison
on a qualifiés de miroir de l'ame, et qui deviennent,
tour-à-tour, vifs, doux, hagards, ou mourants, expressions auxquelles correspondent presque toujours
les traits du visage, qui changent aussi plus ou moins
de forme. Ce changement dans les formes extérieures
amène le plus souvent des changements dans les
formes intérieures de l'instrument de la voix humaine,
accompagnés souvent aussi de modifications dans la
durée et l'expiration d'air de cette voix ; deux qualités

du son que la musique note assez bien. Mais c'est relativement aux variantes de formes, troisième qualité du son à laquelle nous avons d'abord donné le nom d'*accent*, remplacé maintenant par celui de *formes* graves ou riantes, que d'Olivet a eu raison de dire : « que l'oreille les saisit, mais que l'art ne « saurait les démêler. » En effet, si, dans l'instrument de la voix, nos sentiments divers se peignent par des formes différentes, il serait bien difficile de dénombrer ces légères différences dans les formes, et encore plus d'assigner à chacune un nom propre ; mais fort heureusement nous croyons cette précaution aussi inutile qu'impossible. L'art de noter les variantes de formes est encore à naître, et il n'est pas vraisemblable qu'on s'en occupe jamais autant que de la musique, malgré la raison d'utilité qui est toute en sa faveur ; les amusements auront toujours plus d'attraits pour les grands enfants que les choses utiles. Nous nous contenterons donc, pour le moment, de noter dans l'écriture exacte cinq variantes de formes, la moyenne, la grave, la très-grave, la riante, la très-riante, nous réservant d'indiquer, dans notre essai de prosodie, un moyen très-commode pour noter cinq gradations dans chacune des trois qualités du son, la forme, l'expiration, et la durée.

Les mots *grave* et *riant* nous ont paru les plus convenables pour qualifier les principales variantes de forme ; car si, dans le langage d'action, le contentement se manifeste par un visage riant, le mécontentement par une figure grave ; de même, dans le langage des sons, nous aurons aussi des formes graves et des formes riantes pour exprimer les sentiments agréables ou désagréables. Ces deux espèces de sentiments si opposés du bien et du mal, du plaisir et de la peine, nous présentent la division la plus simple, la plus naturelle et la seule nécessaire, parce qu'elle nous semble tout embrasser.

On aurait cependant tort d'inférer de ce que nous venons de dire que les sons graves sont toujours l'expression de sentiments désagréables : ces dénominations seraient sujettes à bien des exceptions, suivant les habitudes de certaines nations, ou même de quelques personnes ; comme aussi suivant que le style est familier, modéré, ou sublime. Volney se sert avec assez de raison des mots *profond* et *clair*, pour indiquer ce que nous appelons grave et riant ; et si nous avons employé de préférence ces deux derniers mots, ce n'a pas été pour le plaisir d'innover, mais parce que nous les avons crus encore plus convenables. Les mots *profond* et *clair* ne semblent pas convenir aussi bien, surtout le dernier ; car *profond* se rapporte au moins à la forme, et tient à l'idée d'étendue ; mais le mot *clair* est ici un mot employé faute d'autres, et tient par le sens propre à l'idée de lumière. On voit clair ; mais entendre clairement, c'est entendre d'une manière distincte, comme on voit distinctement ; ainsi le mot *clair* apporte à l'esprit l'idée d'une certaine qualité du son, mais non pas l'idée d'une modification dans la forme de nos organes, lorsque nous émettons ce son. Ce n'est donc qu'en parlant d'une manière générale que l'on peut dire : c'est un son clair. Mais ce mot ne serait pas employé d'une manière juste, pour donner une idée exacte de cette modification du son, que nous avons d'abord désignée par le nom d'*accent*, et ensuite par celui de *forme* ; car les formes d'un corps peuvent être plus volumineuses, plus étendues, plus creuses ou profondes, et c'est ainsi qu'on pourrait qualifier les formes graves par comparaison aux formes riantes ; mais il serait impropre de dire des formes claires, en parlant des voix *u*, *ou*, et surtout de l'*e* muet ; il nous semble qu'il vaut mieux dire des formes riantes. Au reste, quel que soit le mot qu'on emploie, peu importe ; tandis qu'il importe beaucoup au contraire de donner une valeur fixe à ce mot, afin de pouvoir être compris.

En résumant tout ce que nous venons d'exposer sur les variantes de formes, nous définirons comme il suit les deux classes principales que nous avons remarquées.

Les formes graves des voix sont des formes plus étendues, ou si l'on veut, plus profondes ; elles forment alors de plus grandes cavités dans la bouche, et les lèvres sont ordinairement plus fermées.

Les formes riantes, au contraire, veulent bien moins d'étendue, et surtout la bouche plus ouverte avec la même force d'expiration de l'air ; le son est alors plus clair, parce que l'air n'ayant pas parcouru autant d'étendue, ni contourné d'aussi grandes cavités que pour les formes graves, cet air, en produisant le son, s'échappe plus promptement et plus directement par la bouche.

Selon que la voix est grave ou riante dans la prononciation, on est forcé de donner une teinte de gravité ou d'hilarité à la forme de la consonne qui précède la voix et forme un son avec elle ; alors il devient inutile de désigner cette modification dans la forme de la consonne, et ce n'est qu'en parlant des voix, qu'il convient de se servir des dénominations de formes graves et riantes. Nous verrons dans la prosodie comment il faudra qualifier les principales variantes des formes consonnes, comme aussi nous aviserons au moyen de les noter dans l'écriture, si cela est jugé nécessaire.

Afin de compléter l'énumération de toutes les qualités du son, nous ne devons point oublier ce que M. Destutt nomme le *timbre*. Il faut entendre par ce mot cette circonstance du son, qui fait que nous distinguons la voix d'un homme de celle d'un autre, bien qu'ils prononcent tous deux la même voix, avec la même durée, la même consonne, et la même force dans l'expiration de l'air ; de même que dans un son musical nous reconnaissons qu'il est produit par deux instruments de différente espèce, ou même par deux instruments différents de la même espèce, bien qu'ils soient parfaitement à l'unisson, et que toutes les autres circonstances du son paraissent exactement les mêmes. La cause de ce sentiment si fin de notre sens auditif ne peut s'expliquer qu'en admettant encore des variantes de formes, autres que celles que nous avons remarquées sous le nom de formes graves ou riantes, celles-ci n'étant que des modifications du son chez la même personne, suivant les sentiments feints ou vrais qu'elle exprime, tandis que le timbre tient plus particulièrement à des formes intérieures, et pour ainsi dire constantes, dont la combinaison des diverses parties peut amener des variétés aussi infinies que celles qui existent dans les traits du visage de différentes personnes.

Ce sentiment si fin de l'immense variété qui existe entre le son de la voix, d'une personne à l'autre, est encore fort heureusement aussi inutile qu'il serait impossible à décrire ; il serait beaucoup plus facile de l'imiter ; car tel homme a souvent l'organe vocal assez flexible, et surtout assez exercé, pour imiter le son de la voix de bien d'autres ; mais il serait impossible à cet imitateur des voix de bien décrire ce qu'il fait pour y réussir, par la raison qu'il ne peut pas voir comment il le fait ; et d'ailleurs les mots lui manqueraient pour l'exprimer. Il serait beaucoup plus intéressant de connaître comment s'y prennent ceux qu'on nomme *ventriloques,* pour modifier les sons de la voix aussi merveilleusement qu'ils le font. Nous croyons qu'en étudiant les vrais principes de la formation des sons, on y parviendrait facilement, mais il n'appartiendrait néanmoins qu'au ventriloque de nous l'expliquer, parce qu'il sent ce qu'il fait, et s'il pouvait le voir, il y réussirait encore mieux.

Le baron de Kempeln et autres ont construit des automates parlants. Nous ignorons jusqu'à quel point ils ont réussi. Mais ce que nous pouvons assurer, c'est que le mécanicien qui produirait avec succès un tel chef-d'œuvre, serait le seul homme qui pourrait bien nous expliquer la formation des sons et leurs diverses modifications; car il aurait vu, arrangé, mesuré ce qu'il expliquerait. Il serait vraiment curieux et intéressant de voir des automates bien prononcer les sons de la voix humaine, et surtout un automate ventriloque; et nous ne doutons point qu'on ne fût parvenu à un résultat satisfaisant dans cette partie de la mécanique, si on s'en était occupé avec autant de persévérance, de goût et d'émulation qu'on s'est occupé, par exemple, d'horlogerie, de filature, de pompes à feu (1) etc., choses qui sont, il est vrai, d'une bien plus grande utilité; car, quoique nous considérions

____

(1) Celui qui parviendrait à surmonter les obstacles infinis que présenterait la parfaite confection d'un automate parlant, serait bien éloigné de se croire un nouveau Prométhée. Fût-il un élève des jésuites comme Lalande, il aurait bien de la peine à être athée comme lui, car il trouverait beaucoup plus de sujets d'admiration dans les ouvrages du Créateur, en tâchant d'imiter la cent millième partie des mouvements apparents de l'homme, que l'astronome en rapportant ses triangles, après n'avoir aperçu qu'à peine le spectacle des cieux, malgré ses lunettes de 40 pieds. Il faut être déja étonnamment perverti, lorsqu'en étudiant la nature, on n'y reconnaît pas partout évidemment l'empreinte d'une intelligence suprême, et celui surtout qui aurait construit un automate parlant aurait souvent chanté dans son cœur un hymne à l'Éternel.

l'écriture exacte comme un des perfectionnements les plus utiles et les plus importants par ses conséquences, autant pour l'avantage du commerce que pour la civilisation et le bonheur des peuples, nous ne croyons pas cependant qu'il soit nécessaire de tout noter; nous comprenons assez bien des personnes dont la prononciation est très-différente de la nôtre, et à la rigueur, on peut dire qu'il n'est pas deux personnes au monde dont la prononciation (ou le timbre) soit tout-à-fait semblable.

Maintenant que nous avons fait l'analyse du son aussi bien qu'il nous a été possible, nous pourrons nous occuper de la meilleure manière de le représenter en écrivant : mais auparavant résumons ce que nous avons dit de plus essentiel sur le son.

Le son est composé de la prévoix et de la voix.

La prévoix est de quatre espèces, qui sont: 1° l'aspiration simple ou naturelle; 2° la pause; 3° la ligate; 4° et enfin la consonne.

L'aspiration simple n'a pas besoin d'être représentée dans l'écriture par un caractère, parce qu'elle est toujours accompagnée de la pause.

La pause a divers degrés de durée. Il est très-important que ces divers degrés de durée soient fidèlement représentés dans une écriture exacte, et c'est ce qui se pratique en partie. Mais le moindre degré de durée, ou la plus petite pause, celle qui existe entre les syllabes d'un même mot, ne se trouve représentée que dans les principes de lecture. Une écriture exacte doit séparer les syllabes entre elles : cette séparation doit être moindre que celle des mots.

La ligate n'a pas besoin d'un caractère pour être représentée, si on joint ensemble les deux voyelles qui forment la diphtongue, ou bien si on marque dans l'écriture la séparation des syllabes entre elles. Il est deux sortes de ligates : quoique toutes deux très-brèves, l'une est plus brève que l'autre. Il est encore bon que cette différence soit marquée dans l'écriture.

La consonne est de différentes espèces. Chaque consonne exigeant une situation différente dans les organes supérieurs, chacune nécessite un caractère particulier pour la représenter.

La voix est la partie la plus distincte du son. Chaque voix exige une situation différente des organes ; il faut alors pour chaque voix un caractère particulier. Les voix orales peuvent être prononcées ouvertes ou fermées ; il faut donc encore une variété de forme dans le caractère qui puisse faire distinguer à l'écriture ce que nous distinguons si bien à la prononciation.

Voyez le tableau comparatif des voix ouvertes et des voix fermées, page 57 et suivantes.

DE LA COMPOSITION D'UN NOUVEL ALPHABET,

APPROPRIÉ AU BESOIN DE LA LANGUE FRANÇAISE.

Les principaux éléments de la parole sont la voix et la consonne, et nous pouvons remarquer que, dans les divers alphabets, ce n'est que pour représenter ces deux éléments, qu'on se sert de ces caractères qu'on nomme *lettres*. Volney pose ainsi les vrais principes d'un alphabet, lorsqu'il dit :

« Quant aux lettres, alors que les voyelles et les
« consonnes sont des êtres simples, non divisibles à
« l'ouïe, il s'ensuit que leurs signes représentatifs, dans
« un système alphabétique bien organisé, doivent par-
« ticiper à leur nature : par conséquent il doit être de
« principe général et constant que chaque voyelle,
« chaque consonne, ait, pour signe représentatif, une
« seule et même lettre appropriée, invariable, et
« qu'une lettre ainsi appropriée ne puisse jamais servir
« à figurer un autre modèle. »

Il s'en faut bien que nos alphabets soient construits comme le voudrait Volney ; et M. Destutt a eu raison de dire :

« Nos alphabets, vu leurs difficultés et le mauvais
« usage que nous en faisons, c'est-à-dire nos vicieuses
« orthographes, méritent encore à peine le nom d'écri-
« ture. Ce ne sont que de maladroites tachygraphies qui
« figurent tant bien que mal ce qu'il y a de plus
« frappant dans le discours, et en laissent la plus

« grande partie à deviner, quoique souvent elles
« multiplient les signes sans utilité comme sans
« motif. »

Quels signes ou caractères peut-on aujourd'hui employer pour obtenir une écriture plus exacte? M. Lemare dit : « Si les lettres étaient empruntées à des
« langues connues, ou seulement si elles étaient des
« imitations, elles sembleraient peindre l'orthographe,
« et laisseraient dans l'imagination des images dan-
« gereuses. » Mais M. Lemare semble s'être mis
en contradiction avec lui-même en se servant de
chiffres pour noter ce qu'il appelle les éléments phoniques des sons ; et il ne faut pas s'imaginer, comme
lui, que si les lettres ne ressemblaient à aucune écriture existante, la lecture en serait plus ou moins
longue à apprendre.

Pour peu qu'on veuille y penser, on sera d'accord
avec M. Destutt, qui voudrait que « sans avoir égard
« à l'écriture vulgaire, on destinât à chaque consonne
« et à chaque voix un caractère dont la forme serait
« jugée la plus avantageuse, sous tous les rapports
« relatifs à la lecture, à l'écriture, ainsi qu'à l'im-
« pression. »

Pour réunir tous ces avantages dans la construction
d'un nouvel alphabet, voici, selon nous, deux conditions indispensables.

Première condition. Après avoir préalablement con-
sulté les différentes lignes et figures géométriques les
plus simples, il faudrait adopter une de ces lignes ou

figures pour chaque voix et chaque consonne ; de manière que, comme nous avons vingt voix, il faudrait
vingt figures ou caractères différents les uns des
autres pour les représenter ; de même que, pour représenter les consonnes, qui sont au nombre de seize
dans la langue française, il faudrait encore seize caractères différents les uns des autres, et différents
aussi de ceux qu'on aurait affectés aux voix : ce qui
ferait en tout trente-six caractères bien distincts, et
dont il faudrait différencier nettement les diverses
formes.

Deuxième condition. Il faudrait qu'un caractère fût
d'autant plus simple que l'élément du son qu'il représenterait serait plus fréquent dans le discours, en
ayant toutefois égard aux autres caractères avec lesquels il se lie le plus souvent, afin de n'être point
obligé de faire des liaisons longues, pénibles, et qui
produiraient des équivoques surtout dans l'écriture.

Nous serions trop présomptueux si nous prétendions avoir rempli ces conditions, mais nous ne les
avons jamais perdues de vue, et il serait trop long
d'expliquer ici pourquoi nous avons donné tel caractère plutôt qu'un autre à telle voix ou à telle consonne,
quoique, après plusieurs essais, nous ne nous soyons
décidés que par de très-bonnes raisons. Nous ferons
seulement remarquer la manière simple et facile par
laquelle nous distinguons les voix ouvertes des voix
fermées, sans employer aucun signe hors du caractère ;

ainsi nos voyelles n'auront besoin ni d'accent aigu, grave ou circonflexe, ni même du point sur l'*i*, pour être représentées plus exactement; ce qui rendra l'écriture plus prompte. Le principal mérite d'une écriture c'est d'être claire et bien lisible : pour la rendre telle, nous n'avons point cru devoir adopter des lignes perpendiculaires comme on en trouve dans la tachygraphie; nous ne nous servons que de lignes obliques à droite ou à gauche. (Voyez le tableau des voyelles, planche 2, fig. 1.) Quant aux consonnes, afin de ne point multiplier et compliquer par trop les caractères, nous n'avons point hésité à nous servir souvent, pour représenter une consonne, du même caractère que nous avons déja affecté à une voyelle. (Voyez le tableau des consonnes, planche 2, fig. 2.) Mais nous n'avons admis ce double emploi qu'après avoir assigné rigoureusement une place dans la hauteur de l'écriture pour chaque espèce d'éléments. Ainsi toutes les consonnes, comme on le voit au tableau des sons, occupent le rang de dessus de la ligne d'écriture, et les voyelles occupent le rang de dessous. Par ce moyen nous évitons l'équivoque qui naîtrait de l'identité de caractère, et nous rendons l'écriture très-prompte et très-lisible. Seulement les signes affectés aux voix nasales se trouvent terminés par le signe de la consonne *n*, qui alors se trouve au rang des voyelles; mais comme il n'est point de voyelle qui ait ce même signe, ceci ne présente aucun obstacle, et nous reconnaîtrons par la suite qu'il est avantageux que ces voix soient terminées ainsi. (Voyez le tableau des sons de la langue française, pl. 2, fig. 3.)

Quoique les caractères que nous proposons soient bizarres et très-différents de ceux de l'écriture orditure ordinaire, ils sont si simples, si distincts, et dérivent si naturellement les uns des autres, que nous sommes persuadés qu'une personne, qui ne saurait pas lire, parviendrait à apprendre, au moyen de ces nouveaux caractères, en dix fois moins de temps que par l'écriture et l'orthographe en usage, qui font de la lecture l'art le plus difficile, ainsi que l'a dit d'Olivet. Quant aux personnes qni savent déja lire, la réminiscence des caractères de notre alphabet qui sont si infidèles, serait dangereuse pour elles; mais nul doute qu'elles ne fussent bien moins long-temps à apprendre à lire, avec les nouveaux caractères, l'écriture exacte, que si elle était composée avec les caractères romains; nous disons composée, parce qu'il faudrait bien nécessairement ajouter d'autres caractères à ceux déja connus, à moins que de surcharger l'écriture d'une infinité d'accents, puisque nous n'avons que cinq caractères pour les voix dans l'écriture ordinaire, et que nous avons trouvé vingt voix bien distinctes à l'ouïe.

Nous serions assez satisfaits de ce nouvel alphabet, si nous n'avions jamais besoin que de représenter des sons séparés les uns des autres, et nous croyons que, dans cette hypothèse, quand bien même il faudrait caractériser tous les sons étrangers à la langue française pour obtenir un *Alphabet Universel*, on parviendrait encore à représenter ces sons étrangers par des caractères plus simples que la plupart de ceux qui sont usités, et qui en seraient même différents; parce que le nombre de ces sons n'est pas bien considérable, et que d'ailleurs nous n'avons pas épuisé toutes les combinaisons de figures qui présentent une certaine simplicité: ainsi nous pourrions remplir la première condition que nous nous sommes imposée pour bien construire un nouvel alphabet; mais quant à la deuxième condition, il faut avouer qu'elle est à-peu-près impossible à remplir, quand bien même il ne s'agirait que des sons de la langue française. Le grammairien, l'imprimeur et le mathématicien, réunis ensemble, auraient de la peine à nous éclairer suffisamment sur ce point. Ils ne trouveraient aucune base solide pour établir leurs calculs, parce que les sons ont toujours été mal représentés dans l'écriture ordinaire, et parce qu'il faudrait encore avoir égard aux divers langages scientifiques et technologiques de notre langue.

Pour bien écrire, il ne suffit pas de bien écrire chaque son séparément; il faut encore savoir les lier au besoin dans l'écriture, comme ils sont liés souvent dans la prononciation. Mais, pour avoir des idées justes sur la liaison des sons, il faut avant tout que nous sachions bien ce qu'il faut entendre par les mots *syllabe*, *diphthongue* double et triple, *consonne*, etc. Ce ne sera même que lorsque nous saurons lier les sons et écrire les mots à la suite les uns des autres, qu'il conviendra d'indiquer la méthode à suivre pour noter les variantes de formes, ainsi que les divers degrés d'expiration et de durée des sons dont nous avons parlé.

DEUXIÈME PARTIE.

Examen critique de ce qu'on entend par les mots *syllabe*, *voix*, *diphthongue*, *consonne*, etc. Application du nouvel Alphabet à l'écriture des mots dans tous les cas qui peuvent se présenter; et esquisse d'une nouvelle Prosodie.

DE LA SYLLABE.

Quelle différence existe-t-il entre un son et une syllabe ? C'est une question plus importante qu'on ne se l'imagine, et qui cependant a été à peine effleurée par les divers auteurs qui ont écrit sur cette matière. M. Destutt et après lui M. Lemare ont parlé de syllabes naturelles ou physiques, ainsi que de syllabes conventionnelles ou artificielles. Nous comprenons fort bien ce qu'ils ont voulu dire par syllabe simple, naturelle ou physique; c'est ce qu'il convient de nommer et ce que nous nommons tout simplement le *son*. (Voy. le Tableau des Sons, pl. 2, fig. 3.) Mais si le mot *son* peut servir pour rendre la même idée, à quoi bon le remplacer par les expressions de syllabes simples, naturelles ou physiques ? et que faudra-t-il entendre par le mot de *syllabe* employé seul ? Voici comment l'abbé Girard définit ce dernier mot : « La « syllabe est un son simple ou composé, prononcé avec « toutes ses articulations par une seule émission de

« voix. » La syllabe est donc un son ? et il y a des sons
simples et des sons composés dans lesquels se trouvent plusieurs articulations, comme il y a des syllabes
naturelles et conventionnelles : ceci ne résout point
la question, et nous demanderons encore quelle différence on peut établir entre la valeur des deux mots
son et *syllabe ?* nous consultons le Dictionnaire de
Boiste au mot *syllabe*, et nous lisons : *Syllabe*,
« voyelle seule ou jointe à une lettre qui ne forme
« qu'un son, exemple : *à voir.* » D'après l'exemple cité,
voir serait donc un son ou une syllabe. Ces deux derniers mots seraient alors parfaitement synonymes,
plus qu'aucun de nos synonymes. La superfluité serait
évidente ; un de ces deux mots serait inutile, sura-
bondant, et il faudrait le retrancher de notre langue.
Mais, il faut en convenir, il n'en est pas ainsi : ces
deux mots ont vraiment une valeur bien différente
l'une de l'autre, bien sentie, mais mal définie ; et nous
pouvons remarquer que la plupart des auteurs qui
ont glissé ou même failli sur ces matières, étaient ceux
qui, par leur esprit et leur jugement, auraient été les
plus capables de les bien traiter. Mais, s'appliquer à
analyser le sens qu'on doit attacher aux différents
mots qui servent de base à l'édifice du langage, avec
autant d'exactitude et de patience qu'un chimiste en
met à analyser une substance quelconque, c'est ce
dont un esprit fin et délicat comme l'abbé Girard, un
philosophe comme Destutt, et un grammairien comme

Lemare semblent s'être bien vite rebutés. Et, en effet, pour des esprits de cette trempe, c'est une matière bien ingrate, bien triviale, et, pour ainsi dire, bien rebutante, que celle des voix, des consonnes, des accents, des syllabes, etc., etc. Cependant, nous devons l'avouer, quoique ces auteurs estimables n'aient pas toujours bien vu, parce qu'ils n'ont vu qu'en passant, nous leur devons beaucoup ; et, sans les ouvrages de Dumarsais, de Volney, et surtout de M. Destutt, nous aurions eu bien de la peine à trouver la route où nous sommes entrés, et qui nous semble être la meilleure : néanmoins, ici comme ailleurs, quelque estime que nous professions pour leurs écrits, nous n'en essaierons pas moins de penser et de juger par nous-mêmes.

Nous avons dit que les syllabes sont séparées entre elles par des pauses (p. 72). Ces pauses, il est vrai, sont quelquefois extrêmement brèves, mais notre sens auditif les distingue très-bien, et les grammairiens et les poètes sont rarement en opposition sur le nombre de syllabes dont se compose un vers. Les uns et les autres conviendront, par exemple, que le vers suivant est de treize syllabes :

1	2	3	4	5	6	7	8	9	10	11	12	13 syllabes.
A	ta	fai	ble	rai	son	gar	de	toi	de	te	ren	dre

Si on demandait à ceux qui s'en tiennent aux définitions de Girard et de Boiste combien il y a de sons dans ce vers, assurément ils répondraient qu'il y en a treize, autant que de syllabes : d'après MM. Destutt et Lemare, on y trouverait dix-sept syllabes simples ; l'analyse de ce vers serait alors complète sous le rapport des sons. Mais le mot *syllabe* serait ici mal employé, car il importe beaucoup de donner, autant que l'on peut, à chaque mot dont on se sert dans le raisonnement une valeur fixe et invariable. Un son peut bien être une syllabe, car rien n'empêche que ce son, dans certains mots, soit précédé et suivi immédiatement d'une pause ; mais il n'est syllabe qu'autant que ces deux circonstances ont lieu ; car si ce même son n'est plus précédé et suivi immédiatement de la pause, il cesse d'être syllabe et n'est plus qu'un son. Ainsi, suivant les différentes vues de l'esprit, nous pourrons voir une syllabe simple là où nous n'avions vu qu'un son. Dans ce vers de treize syllabes que nous venons de citer, il y en a neuf qu'on peut bien désigner avec raison par le nom de syllabes simples, si on cherche à voir des syllabes, parce que chacune d'elles n'a qu'un son ; ce sont les 1re, 2e, 3e, 5e, 6e, 8e, 10e, 11e et 12e syllabes ; mais quant aux quatre autres, les 4e, 7e, 9e et 13e, qui sont des syllabes composées de deux sons, on ne peut pas dire que chacune de ces quatre syllabes soit composée de deux syllabes simples ; ce serait pécher contre l'exactitude du raisonnement et jeter du vague sur le sens du mot *syllabe ;* on doit dire que chacune de ces syllabes est composée de deux sons, comme cela est rendu visible par les exemples suivants :

$$4^e \qquad 7^e \qquad 9^e \qquad 13^e \text{ syllabes.}$$
$$b^e \text{ le} \qquad \text{ga } r^e \qquad \text{tou a} \qquad d^a \text{ re}$$
$$1^{er} \, 2^e \qquad 1^{er} \, 2^e \qquad 1^{er} \quad 2^e \qquad 1^{er} \, 2^e \text{ son.}$$

Ce vers a bien treize syllabes, dont neuf sont simples et quatre sont composées; il s'y trouve bien aussi dix-sept sons; mais nous ne pouvons pas dire qu'il y a dans ce vers dix-sept syllabes simples ou naturelles.

On peut néanmoins écrire ce vers et le faire prononcer comme s'il avait dix-sept syllabes, exemple:

A ta fe be le rè zon ga re de tou a de te ren de re.
1   2   3   4   5   6   7   8   9   10   11   12   13   14   15   16   17 syll.

Cette décomposition pourrait être admise dans les premiers principes de lecture, mais ne faudrait-il pas remarquer, dans ce cas, que les 4e, 5e, 8e, 9e, 11e, 12e, 16e et 17e de ces syllabes sont plutôt des syllabes conventionnelles que des syllabes naturelles, sont enfin de véritables sons sans être séparément syllabes dans la prononciation ordinaire de ce vers, et qu'on est convenu d'en faire des syllabes pour aplanir les difficultés inhérentes aux premiers principes de la lecture?

Pour résumer et établir la différence qui existe entre la valeur des mots *son* et *syllabe*, nous dirons que ce qui constitue la syllabe, c'est qu'elle est toujours séparée des autres syllabes par une pause, tandis qu'il n'en est pas de même du son, car il peut se faire que dans la même syllabe on trouve deux, trois et même jusqu'à quatre ou cinq sons, exemple:

Syllabes séparées.	art	luc	loi	chré	tien	tra	vail
Sons séparés dans la même syllabe.	â re	lu ke	lou â	ke ré	ti in	te ra	va li e
	2	2	2	2	2	2	3 sons.

Syllabes sépar.	Stras	bourg	schng	der	scrobs
Sons sép. dans la même syll.	se te ra se	bou re gue	se che ne gue	dè re	se ke ro be se
	4	3	4	2	5

La syllabe est donc un son, ou plusieurs sons prononcés par une seule émission de l'air ou dans l'intervalle d'une pause à l'autre.

Le peu d'exemples que nous venons de présenter suffisent pour nous donner une juste idée de la valeur différente et bien distincte qu'on doit donner à chacun de ces deux mots *son* et *syllabe*.

Il serait inutile de nous arrêter sur la manière de couper les syllabes dans certains mots, tels que ceux de *Strasbourg*, *Schngder*, etc.; de savoir si on doit les couper de l'une ou de l'autre de ces deux manières : *Stras-bourg* ou *Stra-sbourg*, *Schng-der* ou *Schn-gder* ; il serait encore inutile de chercher ici si les poètes sont autorisés à faire du mot *passion* un mot de trois syllabes, et à prononcer *pas-si-on* : tout cela est étranger au dessein que nous nous sommes proposé. Nous ne prétendons point établir les lois de la bonne prononciation, mais poser les principes selon lesquels on pourrait représenter plus fidèlement l'écriture par la parole, quelle que soit la prononciation ; à cet effet nous remarquerons en passant qu'il serait très-utile de séparer les syllabes entre elles, comme on fait dans les principes de lecture pour bien indiquer la vraie prononciation des mots.

D'après l'aperçu que nous venons de tracer, nous devons être persuadés que les mots *son* et *syllabe* ne doivent pas être employés indifféremment l'un pour l'autre ; qu'il n'existe d'ailleurs qu'un fort petit nombre de sons, qui pour la plupart sont les mêmes pour toutes les langues ; tandis qu'il est un nombre infini de syllabes qui varient suivant les divers idiomes et même suivant les différentes époques d'une même langue.

On peut donner aux mots *son* et *syllabe* les épithètes de *simple* ou *composée*, et voici le sens qu'on doit attacher à ces épithètes :

Le son simple, c'est une voix seule.

Le son composé (qu'on nomme ordinairement son articulé), c'est une voix précédée d'une seule consonne. (Voy. le Tab. des sons, pl. 2, fig. 3.)

La syllabe simple, c'est un seul son, soit simple ou composé, qui, dans la prononciation ordinaire du discours, est précédé et suivi immédiatement d'une pause : dans ces mots, *à ma chère maman*, on trouve six syllabes simples, parce que chacune de ces syllabes n'a qu'un son.

La syllabe composée a deux, trois, quatre et même jusqu'à cinq sons. C'est une émission d'air, ou l'intervalle d'une pause à l'autre pendant lequel on fait entendre plusieurs sons, comme dans les mots déja cités, *art, luc, loi, chrétien, travail, Strasbourg, scrobs*, etc.

DE LA VOIX.

Nous avons vu comment il fallait écrire les sons ou syllabes simples : mais avant d'indiquer la manière d'écrire les syllabes composées, il est nécessaire de donner de nouveaux développements à nos principes, comme aussi de les comparer aux principes établis par les meilleurs auteurs qui ont traité cette matière. Commençons par les voix, et rappelons-nous que nous en avons fait deux divisions principales, les voix ouvertes et les voix fermées. C'est ici que nous paraîtrons être le plus en contradiction avec divers auteurs; mais cette contradiction est, comme on le verra bientôt, plus apparente que réelle.

Volney est celui qui admet le plus grand nombre de voix : comme nous il admet deux *á*, deux *ó*, et deux *ou*; et dans ces voix celles qu'il nomme claires ou brèves sont les mêmes que nous nommons fermées; et celles qu'il nomme profondes ou longues sont celles que nous nommons ouvertes. Il semble que nous avons envisagé ces voix sous le même point de vue que lui; cependant Volney ne montre aucune part avoir senti la différence qui existe entre une voix fermée et une voix ouverte de la manière que nous avons senti et décrit cette différence. Nous croyons qu'il a vu ici, dans ces trois voix, une variété seulement dans la forme; et ce qui semble confirmer encore notre opinion, c'est que le plus souvent les voix ouvertes se prononcent sur des formes graves, tandis que les voix fermées se prononcent ordinairement sur des formes riantes.

C'est en parlant de la voix *eu* que Volney montre bien clairement qu'il a vu des variétés dans les formes de voix ; il appelle *eu* clair l'*eu* de *cœur, peur, bonheur*, et *eu* profond celui de *eux, deux, ceux*. Nous conviendrons avec lui que ce dernier peut se solmiser aussi bref que l'autre, et que la vraie différence vient de ce qu'il nécessite une forme plus profonde, plus creuse, tandis que le premier *eu* est clair et sonore (sans être une voix fermée), par l'effet du son *r* qui termine la syllabe. Si Volney avait toujours vu les autres voix sous le même aspect, il aurait remarqué également que *ó* est clair dans *or, mentor*, et profond dans *dos, repos ;* il aurait distingué trois espèces d'*ó* comme il paraît admettre trois espèces d'*eu*.

Il n'en est pas de même de l'*i* ; ce n'est plus par la différence des formes que Volney trouve deux *i*, c'est par la durée ; aussi il abandonne les épithètes de *clair* et *profond* pour ne se servir que de celles d'*i* bref ou petit *i*, et d'*i* long ou grand *i*. Il cite, pour l'*i* bref, les trois mots : *ici, imité, ici*. Tous ces *i* sont effectivement plus brefs que ceux de l'*île, bíle*, mots cités par lui pour l'*i* long ; mais d'après la définition que nous avons donnée des voix, nous trouvons deux sortes d'*i* dans ceux qu'il nomme *i* brefs ou petits *i* ; suivant nous, l'*i* final des deux mots *midi* et *ici*, ainsi que les deux *i* de *imité*, sont des voix fermées, tandis que les deux *i* de la première syllabe de chacun de ces deux mots *midi*, *ici*, sont des voix ouvertes qui se prononcent ordinairement, dans ces mots, par une expiration faible et avec une durée brève.

C'est relativement aux différentes espèces d'*e* que nous différons le plus, non seulement de Volney, mais encore de tous les auteurs qui ont écrit sur cette matière.

Dumarsais dit : « L'*e* ouvert est de trois sortes : 1° l'*e* ouvert commun; 2° l'*e* plus ouvert; 3° l'*e* très-ouvert. » Mais il faut remarquer que le sens qu'il attache au mot *ouvert* n'est pas le même que nous lui donnons et que nous avons défini (page 56). Tous les grammairiens, en général, attachent au mot *ouvert* un son vague qui confond le plus souvent les trois qualités du son que nous avons remarquées sous le nom de variantes de formes, d'expirations, et de durée; en voici la raison : si l'on donne une durée longue à une voix, on la prononce ordinairement sur une forme grave et par une expiration plus forte; mais ni la forme grave ni l'expiration forte ne sont des conséquences forcées et nécessaires de la longue durée de cette voix, comme l'indique la valeur que nous attachons au mot *ouvert*, valeur qui est bien plus restreinte, mais mieux définie que celle qui lui est accordée par tous les grammairiens. Nous verrons, dans la Prosodie, qu'il sera aussi facile qu'avantageux de noter ces vingt-cinq espèces d'*e* ouvert seulement, sans compter les autres espèces d'*e*. Si un aussi grand nombre effraie maintenant le lecteur,

9

qu'il nous soit permis de citer quelques exemples pour lui prouver qu'il y a réellement plus de trois sortes d'*e* ouverts comme ceux qu'admet Dumarsais :

Être, fête, bête, rêve, la tête, grèffe, maître, prophète, foréts, protèt, peine, scène, anglais, français, ver, mer, mais, mes, niais, nièce, vieille, pied, je m'assieds.

On conviendra que, d'après la prononciation ordinaire de ces mots, où l'*e* ouvert n'est pas toujours représenté par le caractère *e*, il existe bien au moins cinq ou six sortes d'*e* ouvert, en y comprenant les *e* faiblement expirés de la dipthongue *iè*. Ces mêmes nuances de prononciation se font sentir dans toutes les autres voix ouvertes; car si on y fait attention, on reconnaîtra que, selon nos habitudes nationales, ou selon que ces voix sont avoisinées de telles ou telles autres voix ou consonnes, elles se prononcent naturellement brèves ou longues, par des expirations faibles ou fortes et sur des formes graves ou riantes. Nous ne parlons ici que de la prononciation ordinaire des mots; et que serait-ce donc si nous y joignions les modifications infinies que doivent amener les diverses intonations oratoires! Dans les mots que nous venons de citer ne se trouve pas non plus une autre espèce d'*e* qu'on a aussi nommé *e* ouvert, et que les grammairiens qui semblent l'avoir mieux connu ont nommé *e* ouvert bref et sonore. Cet *e* est d'un usage fréquent dans notre langue et dans notre orthographe : malgré sa bizarrerie, il exige ordinairement une manière

toute particulière de le représenter dans l'écriture.
Souvent nous l'écrivons par *et* à la fin des mots; ex. :
sujet, ballet, banquet, cabaret, etc.; d'autres fois,
par *ait, aid,* ex. : *lait, laid :* on le figure encore au
milieu des mots en doublant la consonne qui suit et
surtout le *t,* ex. : *belette, fauvette, fillette, lettre, mettre, il tette,* etc. Quoique cet *e* ait toujours été compris sous le nom d'*e* ouvert, nous sommes forcés de
lui donner le nom d'*e* fermé. Ce nom étonnera peut-
être grand nombre de personnes, mais pour peu
qu'on veuille y faire attention, on ne tardera pas à
reconnaître que cet *e* a une parfaite analogie avec l'*e*
qu'on nomme fermé ou aigu, quoiqu'il en soit bien
différent par la forme, ainsi qu'avec l'*á,* l'*ó* et l'*ou*
clairs de Volney, que nous avons nommés fermés,
parce qu'en effet l'issue de l'air se ferme dans le gosier quand on les prononce : car le mot d'*e* fermé
doit s'entendre du tuyau d'air au fond de la bouche
et non de la bouche même (page 36). Ici l'on nous
objectera peut-être que nous aurions alors deux *é*
fermés dans notre alphabet. Mais qu'on veuille se
rappeler que, dans notre précédent aperçu des différentes formes de voix, nous avons remarqué qu'on
peut prononcer deux voix bien distinctes sur chaque
forme : 1° la voix ouverte; 2° la voix fermée (page 57
et suiv.). Qu'on se rappelle aussi que nous avons
trouvé trois formes différentes qui sont représentées
dans l'écriture usuelle par le seul caractère *e.* Pour
distinguer ces formes, on se sert bien des dénomina-

tions d'*e* muet, d'*e* aigu ou fermé, ainsi que d'*e* ouvert; mais ces dénominations sont insuffisantes et même souvent fautives dans l'emploi qu'on en fait. La première de ces formes produit les deux espèces d'*e* dont nous venons de parler : l'*e* ouvert de *tête*, et l'*e* fermé de *sujet*, *il tette*.

- La seconde forme d'*e* produit l'*e* que nous nommerons aigu et que tous les grammairiens nomment fermé. Nous citerons les terminaisons des mots *fermeté, santé, éternité, abbé, été*, etc. , etc. La forme de voix pour cet *e* est si différente des autres formes d'*e*, qu'il est absolument inutile de donner ici d'autres explications pour le désigner. Il est très-facile à connaître; il se prononce toujours fermé, s'entend que l'expiration est aussitôt arrêtée qu'émise par le coup de gosier ; néanmoins on peut prononcer une voix ouverte sur cette forme, mais elle n'est d'usage que dans le chant ou en criant au moyen d'une expiration très-forte (page 5o). L'auteur du Dictionnaire de l'élocution française nomme voix aiguë l'*â* de *patte*, l'*e* de *musette*, l'*o* de *hotte*, ainsi que l'*e* de *vérité*; ce dernier serait d'autant mieux nommé aigu qu'il est la seule voix qui dans l'écriture ordinaire reçoive l'accent aigu; il n'y a eu d'exceptions à cette règle que lorsque quelques auteurs ont voulu figurer la prononciation des autres voix que nous nommons fermées. Volney écrit ainsi ces mots : « Báteau, Báron, « manière de prononcer des Languedociens; Bâteau, « Bâron, prononciation des Normands. » M. Durand, dans sa Dissertation sur la Prosodie, marque aussi de l'accent aigu ce qu'il nomme le *coup*, et ce coup est toujours notre voix fermée ou une nasale. D'après tout ce que nous venons de citer, on voit qu'on s'est servi des mots *aigu*, *fermé* et même du mot *clair*, pour embrouiller la même idée. Attachons maintenant aux idées des mots dont la valeur soit fixe, si nous voulons être compris; nommons *é* aigu l'*é* de *santé*, *été*, etc., et ne lui donnons jamais d'autre nom.

Volney trouve une autre espèce d'*e* dans *ée* et *ez*. Nous sommes étonnés qu'il ne se soit pas aperçu que *ée*, dans tous les mots où il se figure, comme dans *fée*, *nuée*, *donnée*, etc., n'est plus un son simple, mais bien une véritable diphthongue formée de *é* aigu et de *e* muet : mais comme il cite aussi les mots *tombez*, *chantez*, *bornez*, nous devons avouer que nous ne connaissons aucune différence de prononciation entre l'*é* aigu et l'*e* suivi d'un *z*. « Autrefois on écri- « vait l'*é* aigu et final dans les noms pluriels comme « *degrez*, *bontez*, et on écrit encore *nez*, *chez*. » (Dictionnaire de l'élocution.) Voici des exemples qui feront juger que la terminaison *ez* se prononce exactement de la même manière que l'*é* aigu.

Répondez, cieux et mers; et vous, terre, parlez !
. . . .
O cieux! que de grandeur, et quelle majesté !
J'y reconnais un maître à qui rien n'a coûté.
Racine fils.

« Tremblez donc devant moi, hommes superbes et dédaigneux « qui m'écoutez ! » Bridaine.

Nous pensons que ce qui a pu faire croire ici à une autre espèce d'*e*, c'est que les verbes qui emploient aujourd'hui presque exclusivement la terminaison *ez* à la seconde personne de certains temps sont souvent suivis d'un régime ; alors cette prononciation n'est point naturellement aussi sonore ; la voix ne s'y appuie pas aussi bien ; l'expiration est moins forte parce qu'on court après le régime du verbe ; mais, dans ce même cas, les mots terminés par des *é* aigus, comme *santé*, *fermeté*, doivent subir la même loi que ceux qui finissent en *ez*, selon la place qu'ils occupent et le rôle qu'ils jouent dans le discours.

La troisième forme d'*e* est celle de l'*e* muet. Les grammairiens en distinguent trois sortes : 1° l'*e* schéva ; 2° l'*e* muet commun ; 3° l'*e* gothique ou guttural.

Le schéva est, en quelque sorte, l'*e* muet fermé. Il est extrêmement bref. Si, seul avec une consonne, il ne peut former syllabe, on peut le considérer comme pouvant former un son. On l'entend après la consonne qui finit une syllabe, lorsque cette consonne se prononce ; ex. : *lac, cap, air, pair, mer, port*. Dans les monosyllabes, la consonne finale ne s'entend que faiblement au moyen de l'*e* muet très-bref, ou schéva, qui la suit ; tandis que dans les mots de deux syllabes, tels que *laque, cape, ère, père, mère, pore*, on est forcé de mieux faire sentir la consonne finale, ce qui ne peut manquer aussi de faire prononcer l'*e* muet plus long et plus fort ; dans ce cas c'est un véritable *e* muet, et il doit être écrit.

Le schéva fait le même office dans toutes les langues; dans toutes il se fait sentir plus ou moins à la
prononciation des doubles et triples consonnes, ex. :
construction, *arbre*, *intacte*, *psaume*, *Strasbourg*,
schngder; « c'est une suite de l'air sonore qui a été
« modifié par les organes de la parole pour faire en-
« tendre ces consonnes. » (Dumarsais.) Il y a autant
de schévas dans le mot *Strasbourg* prononcé en deux
syllabes, qu'il se trouvera d'*e* muets communs dans
le même mot si on le prononce en sept syllabes : *Se
te ra se bou re gue.*

L'*e* muet commun est celui qui termine toutes nos
rimes féminines, qui forme syllabe avec une consonne,
et qui forme aussi diphthongue avec d'autres voix, ex.:
de ce que je te demande, *lie*, *vie*, *statue*, *boue*,
joue, etc. D'Olivet a eu raison de dire que l'*e* muet
fermé que nous nommons *schéva* se trouve dans toutes
les langues; et s'il avait bien réfléchi, il n'eût pas
contredit Voltaire, lorsque ce dernier se plaint de ce
que notre langue abonde trop en mots terminés par
des *e* muets : mais par ces *e* muets, il faut entendre
des *e* muets communs; car notre langue a réellement
le défaut que lui reproche Voltaire, et ce défaut
a sans doute pour cause la loi fantastique et bizarre
que se sont faite nos poètes français, de mettre
autant de rimes féminines que de masculines dans
leurs vers; ce qui peut avoir fait employer, dans l'ori-
gine de la langue française, un plus grand nombre
de ces *e* féminins, d'abord en poésie, ensuite dans

la prose ; et ce qui peut en effet, comme le dit Voltaire, rendre la plupart de nos airs insupportables à quiconque n'y est pas accoutumé. Mais, si notre observation est vraie, la faute provient des premiers législateurs du Parnasse français, plutôt que du génie de notre langue : car on peut remarquer qu'aucun des patois de nos départements n'emploie autant d'*e* muets que la langue française ; les Parisiens eux-mêmes tendent beaucoup à les supprimer dans leur prononciation.

Sans doute, il faut de l'harmonie dans les vers ; il faut en chasser la monotonie des rimes trop semblables par leurs consonnances ; mais est-il nécessaire pour cela de faire suivre ou croiser les rimes féminines avec ce qu'on nomme les rimes masculines ? Si on avait bien étudié les divers sons et leurs divers éléments, on aurait été plus à même de donner des lois convenables pour la quantité dans les vers. On aurait vu aussi qu'il eût été plus raisonnable de faire croiser ou suivre des rimes qui auraient contrasté par des sons disparates, sans être pour cela ni féminines ni masculines, et par là on aurait pu obtenir tout aussi aisément des vers mélodieux.

La troisième espèce d'*e* muet se prononce avec une expiration plus forte, surtout dans le chant, et lorsqu'il finit une période. Volney propose un autre caractère pour figurer cet *e* muet. Il remarque que, dans la prononciation poétique des mots *que je me repente*, le son *e* tient de *eu* et de *o*, sans être ni l'un ni l'autre : il l'appelle gothique et le trouve dans tous les infinitifs allemands finissant en *en*, comme *haben* (avoir), *laben* (vivre), *schalafen* (dormir), ainsi que dans quelques mots anglais. Ne pourrions-nous pas considérer cet *e* comme un *e* muet ouvert qui se prononce par une expiration plus forte, et sur une forme plus grave? Dans ce cas il deviendrait inutile de lui donner un caractère particulier; les accents, dont on pourra se servir en prosodie, suffiront pour caractériser cet *e* muet gothique ou guttural, comme on caractérisera les mêmes modifications dans les autres voix.

Si Volney n'a pas remarqué la différence qui existe entre la voix fermée et la voix ouverte, c'est sans doute parce qu'il était trop Parisien : car on peut dire que les habitants de la capitale ressemblent un peu aux Normands ; ils ne prononcent presque point de voix fermée : c'est cependant une richesse de moins du côté des sons, et une source d'équivoques de plus; car ils prononcent *père* comme *pair*, *mère* comme *mer*, un *jet* comme un *geai*, etc., etc. Les variantes de formes que nous avons désignées sous le nom de formes graves, ou riantes, semblent être la qualité du son que Volney a le mieux saisie ; mais cette qualité n'a été remarquée par lui qu'en passant et il ne l'a pas vue dans toutes les voix. Ceci nous explique pourquoi il n'a pas cru devoir parler de l'*é* et de l'*i* profonds, parce que ces voix, lors même qu'elles sont longues et graves, ne peuvent pas se prononcer d'une manière aussi grave que l'*á*, l'*ó*, l'*oú*, l'*ú* et l'*eú*; ceci nous explique encore la raison pour laquelle il ne trouve point d'*ú* clair, et semble hésiter à donner à l'*ou* cette même qualification, deux voix dont la prononciation est naturellement grave en comparaison des autres.

La division que nous avons faite des voix orales en voix ouvertes et voix fermées est tellement sensible et nécessaire dans notre langue, que souvent, si l'on substitue l'une à la place de l'autre, on obtient un autre mot de signification différente (Voy. pag. 37 et suiv.). Cette division est indispensable pour figurer la prononciation exacte; elle est aussi celle que le plus grand nombre d'auteurs, qui ont écrit sur la grammaire, semblent avoir le mieux sentie, et enfin celle que l'orthographe d'usage de la langue française, malgré ses bizarreries, a le mieux consacrée : car la différence qui existe entre les voix fermées et les voix ouvertes est si sensible, que l'orthographe d'usage veut souvent qu'on emploie certaines lettres en forme d'accents pour marquer cette différence. Le *t*, par exemple, est souvent employé pour marquer les voix fermées; on peut s'en convaincre en jetant un coup-d'œil sur le tableau des voix ouvertes et des voix fermées (page 37), et encore mieux sur un Dictionnaire des rimes dans les mots terminés en *et*, *at*, *it*, *ot*, *eut*, *ut*, *out*, comme *Poulet*, *combat*, *habit*, *sabot*, *il peut*, *salut*, *debout;* le *t* final, dans tous ces mots et dans une infinité d'autres, ne se prononce point; on a aussi doublé ce caractère ainsi que d'autres dans le milieu des mots pour faire prononcer fermée la voyelle qui précède, exemple: *Botte, couronne, commune,* etc. ; tandis qu'au contraire, les lettres *s* et *x* sont employées souvent, après les voix ouvertes, pour leur servir aussi, pour ainsi dire, d'accents ; puisqu'elles ne se prononcent point, comme, par exemple, à la fin des mots : *accès, bas, paris, ris, les, meaux, mieux.* Voyez également, pour ce cas, un Dictionnaire des rimes.

Dumarsais dit que nos pères écrivaient les doubles lettres parce qu'ils les prononçaient : ceci peut bien être vrai pour quelques mots, comme *immortalité*, qui aujourd'hui, par la mauvaise habitude qu'on a prise de tout adoucir, ne se prononce plus qu'*imortalité*, au lieu de *im mortalité*. Quoique nous soyons persuadés, comme lui, que l'orthographe s'écarte plus aujourd'hui de la prononciation que du temps de nos pères, nous pensons, contre son avis, qu'ils ont bien pu doubler certaines consonnes pour faire prononcer fermée la voyelle qui précède, comme ils ont pu aussi doubler d'autres consonnes afin de les faire prononcer deux fois : faute d'un plus grand nombre de caractères alphabétiques, n'auraient-ils pas pu raisonner ainsi : « Les consonnes *t, l, m, n*, exigent un « contact complet, c'est-à-dire que l'expiration est ar- « rêtée, fermée sur ces formes consonnes ; donc si nous « voulons indiquer une voix fermée, surtout l'*e* de *nette* « (les trois accents, l'aigu, le grave et le circonflexe

« faisant déja d'autres offices), servons-nous d'une de
« ces consonnes en forme d'accent;» et voilà d'abord
que le *t* aura servi à la fin des mots, sans cependant
être prononcé ; on aura ensuite doublé cette consonne dans les mots, lorsque la syllabe, venant après
une voix fermée, commençait par un *t :* par la même
raison on aura doublé aussi au milieu des mots les
consonnes *l, m* et *n* : mais quant à d'autres consonnes,
telles que *b* , *c* et surtout *p* et *r,* ils auront bien pu
ne les doubler que pour les faire prononcer deux fois,
comme nous faisons encore aujourd'hui dans certains
mots, tels que : *abbatiale* , *acquéreur* (deux *k*) , *guerre,*
affaire. Il n'en est pas de même de *s.* Nous pensons
que si cette consonne a parfois été doublée, ç'a été
autant pour conserver sa vraie prononciation et ne
pas prendre celle du *z,* que pour servir d'accent à la
voyelle qui précède et la faire prononcer ouverte et
longue.

Le labyrinthe dont nous venons de trouver l'issue
peut nous faire sentir 1° l'avantage qu'il y aurait à
ne se servir, pour représenter les idées, que de mots
dont la valeur serait fixe et invariable; 2° l'avantage
qu'il y aurait aussi à ne se servir dans l'écriture, pour
représenter les divers éléments des sons, et par conséquent les mots, que de caractères dont la valeur
serait également fixe et invariable.

A défaut de mots, employons du moins des expressions dont la valeur ne soit point équivoque.
Voici celles dont il convient de faire usage pour dé-

signer les quatre espèces d'*e* caractérisées dans notre écriture.

$$\left.\begin{array}{l}\text{é ouvert} \\ \text{é fermé} \\ \text{é aigu (1)} \\ \text{e muet (2)}\end{array}\right\} \text{celui de} \left\{\begin{array}{l}\text{les} \\ \text{let} \\ \text{lé} \\ \text{le}\end{array}\right\} \text{comme dans} \left\{\begin{array}{l}\text{les , art. plur.} \\ \text{poulet} \\ \text{légitime} \\ \text{le monde}\end{array}\right.$$

Ces quatre sortes d'*e* se trouvent dans ces deux mots : *les épaulettes;* chacun ayant un caractère différent, on pourrait encore simplifier leurs dénominations, et les nommer tout simplement l'*e*, l'*é*, l'*ê*, l'*e*, comme on dit l'*â*, l'*ô*, l'*î*, l'*û*.

Quant aux autres voix orales, l'*â*, l'*ô*, l'*î*, l'*û*, l'*eû* et l'*oû*, chacune d'elles ayant deux caractères dans notre écriture, pour désigner chacun de ces caractères il faudra les nommer comme ils se prononcent, ou bien se servir des expressions d'*â* ouvert, d'*â* fermé, d'*ô* ouvert, d'*ô* fermé, et ainsi des autres. C'est à regret que, les premiers, nous nous trouvons forcés de les qualifier ainsi; raison pour laquelle,

---

(1) L'*é* aigu étant toujours une voix fermée dans la prononciation ordinaire, il est absolument inutile de donner un caractère à l'*é* aigu ouvert, qui ne se prononce que dans le chant : d'ailleurs les accents dont on pourra se servir en prosodie suffiront pour noter exactement ce dernier.

(2) Nous pouvons considérer l'*e* muet écrit comme une voix ouverte, quoique souvent très-brève; et le schéva dont nous avons parlé, comme un véritable *e* muet fermé, qui n'a pas besoin de caractère pour être représenté dans l'écriture, parce que, s'il n'y a aucune voyelle écrite après une consonne, le schéva s'y place naturellement.

peut-être, ceux qui ne nous auront pas bien compris ne se rangeront pas facilement à notre avis. Il
n'en sera pas de même des voix nasales ; tout le monde
sera d'accord avec nous pour les nommer simplement
l'*an*, l'*in*, l'*on*, l'*un*.

DES DIPHTHONGUES.

Si les différents mots dont nous nous sommes
servis, jusqu'à présent, pour la définition d'autres
mots, avaient été eux-mêmes bien définis, cela nous
aurait épargné bien de la peine ; mais quant au mot
diphthongue, nous pouvons commencer par en donner la définition, parce que les mots qui doivent servir à cette définition sont eux-mêmes bien définis ;
ainsi nous dirons que

La diphthongue est la réunion de deux sons simples ou de deux voix qu'on fait entendre dans la même
syllabe.

Cette définition est très-exacte, si on ne s'écarte
point de la signification réelle des deux mots *voix* et
syllabe.

Les Grecs nommaient *prépositive* la première voix
de la diphthongue, et *postpositive* la seconde. Nous
nous servirons au besoin de ces dénominations, qui
ne peuvent être qu'avantageuses.

On peut faire un tableau présentant toutes les
combinaisons des voyelles prises deux à deux pour
en former des diphthongues ; l'utilité de ce tableau

sera de montrer qu'il est des voix qui se lient très-bien, et d'autres qui ne se lient que difficilement, ou même pas du tout entre elles à la prononciation.

La plupart des grammairiens ne comptent que dix-huit diphthongues dans notre langue; neuf qui commencent par *i*, cinq par *o*, et quatre par *u*. Il nous semble que nous en avons un plus grand nombre; c'est ce que nous devons examiner au risque de passer pour jurés peseurs de diphthongues; car, pour arriver au but que nous nous sommes proposé, il est nécessaire de faire cet examen, et nous ne croyons pas que ce soit là des bagatelles difficiles comme le dit M. Lemare.

â dans notre langue n'est, pour ainsi dire, jamais prépositive de diphthongue, excepté dans

ai interjection. *Blayes, Lucayes*, etc. Cette diphthongue *ai* est fort en usage dans certains départements au-delà de la Loire, ainsi que chez les Italiens et les Espagnols. Sans doute que nos pères écrivaient *ai* parce qu'ils prononçaient ces deux lettres : on a corrigé une faute par une autre faute, en changeant l'orthographe des mots en *ois* qui se prononcent *è*; ainsi il aurait mieux valu écrire *francè* par *è* que par *ais*.

è est rarement prépositive; néanmoins on peut remarquer

èe dans les mots *ivraie, haie, plaie, vraie*, qui se prononcent *ivrèe, èe, plèe, vrèe*.

ei   dans quelques mots étrangers, tels que *bei*, *dei*, ou *bey*, *dey*. Le *dey* d'Alger. Cette diphthongue est prononcée dans certains patois du Midi, et, entre autres, dans le département de la Loire.

é   n'a jamais été compté au rang des prépositives ; nous devons l'y admettre, car

ée   dans les mots *matinée*, *fiancée*, *destinée*, etc., n'est autre chose qu'une vraie diphthongue.

e   muet ne semble pas pouvoir être prépositive ; mais comme l'habitude influe beaucoup en fait de prononciation, il nous semble qu'on peut prononcer *perdreau*, *monceau*, *barbeau*, *fourreau*, *rougeole*, *geole*, comme si effectivement il y avait dans chacun de ces mots la diphthongue *eó*. On est tenté de croire qu'on écrivait jadis cet *e* muet parce qu'on le prononçait.

i   est de toutes les voix celle qui est le plus souvent prépositive, comme nous allons le voir dans les exemples suivants :

iâ   *fiacre*, *diable*, *vieillard*, *brouillard*, *poignard*, *campagnard*. Les *ll* et *gn* mouillés équivalent ici à *liard*, *niar*, *alléluya*, etc. ; dans *diamant*,

iă   *ratafia*, *pléiades*, *travailla*, *bailla*, *rimailla*, *Auvergnat*, *signa*, *empoigna*, etc., *il envoya*.

iè   *niais*, *biais*, *lumière*, *métier*, *pied*, *vieillesse*, *gentillesse*, *Agnès*, *borgnesse*, *voyelle*, etc.

iĕ   *historiette*, *oubliette*, *douillet*, *feuillet*, *poignet*, *signet*, *jayet*, *il envoyait*, etc.

ié *hiéroglyphe, estropié, privilégié, allié, tra-*
    vaillé, rimaillé, signé, empoigné, ayez, pitié.
    Dans ce dernier mot, l'*e* final se prononce plutôt
    comme un *e* ouvert faiblement expiré.

ie (e muet) *feuille, fille, Versailles, railles* (tu),
    bredouilles, empoigne, saigne, aie, essaie, etc.

ie (i long). La prépositive est longue dans *lie, vie,*
    ortie, etc.

ii (deux i) *bailli, cueilli, vieilli.* Nous verrons
    bientôt comment s'y trouvent les deux *i*, ainsi
    que dans *il peignit, éteignit,* etc.

iô *fiole, cariole, miaule, in-folio, cabillaud,*
    touillaud, agneau, j'ignore, joyaux, etc.

iŏ *chariot, billot, caillot, maillot, grignote,*
    mignote, vignoble, il crayonne, etc.

iù (ù ouvert) dans *olibrius* (très-rare et n'est point
    français).

iù (u fermé) *iulifère, émaillure, souillure, rouil-*
    lure, écaillure, égratignure, encognure, rayure,
    (ne se trouve guère que dans les sons qu'on
    nomme mouillés).

iòu *chiourme, fouillouse, engignour* (rare).

iou (ou fermé) *Montesquiou, cioutat, caillou* (en-
    core rare).

ièu *lieu, mieux, merveilleux, vétilleux, soigneux,*
    dédaigneux, saigneux, yeux, aïeux, etc.

— *ieu*, dont la postpositive serait l'*eù* fermé, semble manquer en français.

ian *mendiant, négociant, travaillant, rimaillant, signant, empoignant, ayant*, etc.

iin *bien, rien, chrétien, sibyllin, époullin, newtonien, physicien, mitoyen*, etc.

ion *ascension, citation, papillon, bâillon, mignon, ognon, rayon, ayons*, etc.

— La diphthongue *iun* semble manquer en français.

o est prépositive dans les exemples suivants :

oà *poaillier, boa.*

oè *poète, poème*, etc. Dans bien des mots les Parisiens prononcent la diphthongue *oè* pour *ouè* et même pour *ouà*. Certaines provinces, par exemple, prononcent *ouàzeau* : il nous semble que la prononciation parisienne *oèzeau* a plus de grace dans la conversation.

oi La prononciation naturelle de cette diphthongue semble manquer en français, à moins qu'on ne veuille la trouver dans *soigneux, poignée, poignard, voyelle, moyen, loyal, royaume*, etc. Les provinces au-delà de la Loire la prononcent bien distinctement dans l'ancien Forez : *i noi*, prononciation naturelle des deux voix *o* et *i*, signifie une *oie*. Ceci semble venir à l'appui de ce que dit M. Delaunay dans son nouveau plan d'orthographe (imprimé en 1741), que nos pères n'avaient pas tort d'écrire *ils aimoient*, parce que, dit-il, il n'y avait pas encore trente ans que de petits bourgeois de province, et même de Paris, prononçaient *ils aimoyente* comme *moyen te.*

oin *soin, loin, foin, moins.* Il ne faut pas confondre cette diphthongue avec *ouin* de *marsouin.*

u comme prépositive se trouve dans les exemples suivants :

uă *continua, perpétua, tua, sua, attribua* (il), etc. dans *quinquagésime.*

uè *ruelle, écuelle.*

uĕ *muet, muette, cahuette, luette, bluette,* etc.

ué *tué, dénué, situé.*

ue *nue, vue, bossue.*

ui (i ouvert) *nuire, instruire, produire, épuise, suisse, fuir.* L'*i* comme postpositive se lie très-bien avec la prépositive *u.*

ui (i fermé) *lui, étui, nuit, conduit, muid, suis, traduit* (il), etc.

ueu *vertueux, tumultueux, tortueux, voluptueux, sueur,* etc.

uan *huant* (chat), *truande, puanteur.*

uon *habituons, insinuons, continuons.*

uin *alcuin, qninquagésime, quintilien, juin.*

ou voix simple, est prépositive dans

ouà *ouaille, bois, roi, gaulois, bavarois, danois,* etc.

10.

ouă *équation , équateur, boit (il), ouate , escouade*, etc.

oue *ouais* (interj.), *ouaiche, ouest* (rare), *gouètre*.

ouĕ *pirouette , silhouette , brouette , fouet*.

oué *roué, enroué, noué*.

oue *roue, boue, joue*.

oui (i long) *ouistiti* (très-rare).

oui (i fermé) *oui, enfoui, ouicou*.

oueu *boueux, boueuse* (dans la conversation).

ouan *Rouen, louange*.

ouon *louons, nouons, vouons*.

ouin *baragouin, marsouin*.

eu   semble être prépositive seulement pour

eue   *bleue, queue, lieue*, etc.

La plupart des dernières diphthongues sont rares dans notre langue, ou ne sont de vraies diphthongues que dans une prononciation rapide.

Les Parisiens semblent avoir une aversion toute particulière, surtout pour la diphthongue *ouà ;* cela viendrait-il de l'influence des petits-maîtres et petites-maîtresses qui fourmillent en si grand nombre dans la grande cité, et qui ne peuvent point endurer des prononciations aussi graves que celles de *Gaulois, Bavarois*, etc. Que la crainte de déchirer le tympan de gens si délicats ne nous fasse cependant point écarter de notre langue cette diphthongue, qui est si sublime, si grave, et qui est si bien en harmonie

avec certains mots dont les idées sont graves ou sublimes également : *la rigueur des lois, la bonté du
roi, le silence des bois, la gloire des Français.* Ne
convient-il pas mieux de prononcer *ouà* dans certains
mots que *oè*, diphthongue affectée et grenouillarde
des Parisiens ? Il a été un temps où on voulait même
substituer la prononciation *è* à toutes les prononciations *ouà.* Bien des gens, encore aujourd'hui, croient
bien prononcer en disant *je crè* au lieu de *je croua ;*
ceci rappelle une anecdote que nous avons lue quelque part, où on rapporte qu'une actrice, qui sans
doute craignait de perdre les graces sybariennes de
sa belle figure, en prononçant des sons graves, et
qui, ne voyant la perfection du langage que dans la
prononciation mielleuse et amidonnée des sons, s'a-
visa de prononcer, dans nous ne savons quel rôle :

Ah ciel ! je ne puis le crère.

L'acteur qui répondit à l'actrice, pour ne point
manquer à la rime, prononça à son tour :

Il arrive, et tout couvert de glère.

La conversation étant ordinairement rapide, permet
beaucoup de diphthongues que la déclamation poétique ou le discours oratoire ne permettrait pas. Nous
ne donnerons point ici les règles à suivre pour la
manière de prononcer en telles ou telles occasions
une diphthongue ou deux voix séparées. Nous le répétons, notre but est d'indiquer seulement la diffé-

rente manière d'écrire dans ces deux cas, et pour cela un coup-d'œil sur le Tableau des diphthongues que nous avons proposé de faire, suffira pour nous apprendre la manière de les écrire toutes au besoin ; il suffira encore, pour nous faire croire à la possibilité d'autres diphthongues que celles qui sont en usage dans notre langue, comme aussi à l'impossibilité de certaines diphthongues, et surtout de celles dont les prépositives seraient des nasales.

On comprend aisément que les grammairiens ne soient point d'accord entre eux sur le nombre des diphthongues de la langue française ; mais ce que l'on ne conçoit pas aussi facilement, c'est qu'aucun d'eux n'ait songé à mettre au rang des diphthongues celles qui sont réellement plus diphthongues que toutes les autres, celles dont la postpositive est toujours une voix fermée ou l'*e* muet, celles enfin qui sont le plus liées et pour lesquelles il faut moins de temps pour les prononcer. Nous allons essayer de débrouiller ce chaos.

Dans l'aperçu que nous avons tracé des diphthongues, on a pu remarquer que la voix *i* est employée comme prépositive bien plus fréquemment qu'aucune autre voix, et il en doit être ainsi dans toutes les langues ; car, quoique certains peuples aient des sons inconnus chez d'autres, ce qu'on peut attribuer aux divers climats qu'ils habitent, et plus encore à la différence des mœurs, des caractères ou des habitudes de ces peuples ; il existe néanmoins une certaine somme de sons semblables, chez tous, et qui doivent être aussi combinés entre eux, souvent aussi d'une manière semblable, parce que toute l'espèce humaine étant douée des mêmes organes, il doit exister chez tous les peuples le même penchant à se servir des sons les plus faciles à prononcer.

Si l'on fait attention à la forme de la voix *i*, forme qui exige presque un contact de la langue avec le palais, on découvrira la cause qui rend cette voix *i* aussi facilement prépositive; car l'expiration étant d'abord poussée sur cette forme, il ne faut que détacher faiblement la langue du palais pour prononcer l'*e* muet à la suite de *i* pour avoir la diphthongue *ie*; quant aux autres voix, il n'est pas plus difficile de les prononcer par la même émission de l'air à la suite de l'*i*, que si on les prononçait à la suite d'une consonne : le mouvement pour tout cela est prompt et facile, il ne faut, pour ainsi dire, que donner un peu plus de passage à l'air, en détachant plus ou moins la langue du palais pour présenter à l'expiration une autre forme de voix : par la même raison, les formes consonnes qui approchent le plus de la forme *i*, doivent former très-facilement syllabe avec cette voix, ou avec la diphthongue *ie* : et, en effet, comme les consonnes *l* et *n* sont celles dont les formes approchent le plus de la forme *i*, elles forment plus facilement syllabe avec les diphthongues dont la prépositive est cette voix; et de là vient qu'on a cru trouver deux nouvelles consonnes. Ainsi, faute d'avoir bien reconnu nos diphthongues et de les avoir bien représentées dans l'écriture, Volney, Destutt, Lemare et presque tous les grammairiens ont cru à la nécessité de *ll* et *gn* mouillés. (Il n'y a peut-être que Beauzée qui ne soit pas de cet avis.)

On dira sans doute qu'il existe une grande différence dans la prononciation entre *lie* de *bouteille* et *lie* de *je m'allie*, *humilie* ; entre *nie* d'*Allemagne* et *je nie* du verbe *nier?* Nous répondrons à cela que s'il y a ici une différence dans les sons, elle ne provient point des consonnes, mais bien de l'*i* qui est ouvert dans un cas et fermé dans l'autre : que dans l'un et l'autre exemple c'est toujours *l* et *n* que nous entendons ; et que si le contact de ces consonnes, lorsqu'elles sont suivies d'une diphthongue, n'est pas aussi ferme, aussi marqué dans la prononciation ordinaire que lorsqu'elles ne sont suivies que d'une voix simple, c'est qu'ayant besoin de faire faire quelques mouvements de plus aux organes de la parole pendant la même émission de l'air, on se presse pour faire ces mouvements ; par là on adoucit naturellement le contact des consonnes, et comme on peut remarquer qu'il en est de même pour toutes les autres consonnes lorsqu'elles sont suivies de quelques diphthongues, on doit en conclure qu'il ne faut pas faire des règles différentes pour *l* et *n*.

La différence qu'on trouve à la prononciation de *lie* et *nie* dans les mots *bouteille*, *je m'allie*, *Allemagne* et *je nie*, n'étant point dans la consonne,

elle doit se trouver nécessairement dans la diphthongue; et en effet, pour peu qu'on y fasse attention,
on verra que la diphthongue *ie* dans les mots *bouteille*, *Marseille*, *Allemagne*, *règne*, qu'on prononce *bou tè lie*, *Mar sè lie*, *Allema nie*, *rè nie*,
est extrêmement brève, ou, pour mieux dire, éminem-
ment diphthongue; tandis que *ie* dans *je nie*, *renie*
(de renier, v.), *je m'allie*, etc., n'est plus aussi bien
diphthongue : car nous avons pu remarquer que,
dans la presque totalité des diphthongues que nous
avons citées, la voix prépositive est toujours très-brève
et plus faiblement expirée que la voix postpositive;
mais ici, au contraire, *ie* dans *je m'allie*, *je nie*, etc.,
fait exception à la règle commune; *i* est ouvert et
long fortement expiré, et l'*e* muet se fait sentir à
peine. La différence de ces deux prononciations est
donc bien dans la diphthongue, et, par conséquent,
ce n'est qu'à la représentation de celle-ci dans l'écriture qu'il convient d'établir cette différence; par là
se trouveront marquées naturellement les deux espèces de ligates. C'est ce que nous avons fait. Voyez
le Tableau des diphthongues (pag. 143 et suiv.).

Les prépositives de diphthongues sont des voix
fermées et faiblement expirées, hors le cas seulement
où la postpositive est un *e* muet. Sans doute que
l'expiration de l'*e* muet étant trop faible, elle ne peut
recevoir l'appui nécessaire à l'acte de la parole; alors
c'est la voix qui précède qui reçoit cet appui, ou
prend une durée longue. Ainsi dans les diphthongues

èe, *ìe*, *òue*, *ùe*, comme dans *la haie*, *lie* (de vin), *boue*, *vue*, les prépositives *è*, *ì*, *òu* et *ù* sont longues et plus fortes par l'expiration.

On peut encore former quelques diphthongues autres que celles que nous avons remarquées ; l'on écrivait, dans la vieille orthographe, avec *aa*, le mot *áâge* et quelques autres. Il est possible que ce fut là une vraie diphthongue de nos pères ; car on peut bien prononcer un *à* ouvert suivi d'un *à* fermé sans qu'il y ait pause entre eux deux. Il en est de même de *oo* ainsi que des autres voix ; et si ces sortes de diphthongues sont rares chez nous, elles peuvent être usitées ailleurs : nous avons néanmoins les deux *ì* dans *bailli*, *cueillir*, *vieillir*, *il peignit*, *il éteignit*, etc. ; car on prononce ces mots comme s'ils étaient écrits : *bà lii*, *cue liir*, *viè liir*, *pè nii*, *étè nii*. Cette diphthongue, quoique assez usitée, a eu le sort de *ie* bref ; elle n'a pas été aperçue. Pour nous convaincre qu'elle est usitée en français, comparons la prononciation des mots *salir* et *saillir ;* dans le premier mot nous trouvons trois sons : *sa li r ;* dans le second nous en trouvons quatre : *sa li i r*. Il est bien vrai que, dans ce dernier mot, le contact de la consonne *l* est moins ferme, mais il en serait de même pour toute autre consonne qui serait suivie d'une diphthongue. (Le *n*, dans *il pei niit*, est aussi moins fortement prononcé que dans *terni*, *verni*.) On doit donc être convaincu que la différence de prononciation entre *lir* et *ni*, dans les mots *salir*, *sail-*

lir, *peignit*, *verni*, ne vient point des consonnes *l* et *n*, mais bien de ce qui suit ces consonnes. Dans les mots *salir*, *verni*, c'est une voix simple; et dans les autres mots, c'est la vraie diphthongue *ii* ou *i* prononcée deux fois par la même émission d'air.

DES TRIPHTHONGUES.

Avons-nous des triphthongues dans la bonne prononciation de notre langue? C'est une de ces questions que nous ne résoudrons point. Nous le répétons, il n'est jamais entré dans nos vues de vouloir donner des règles de bonne prononciation; nous allons seulement examiner en passant les sons qui semblent pouvoir le mieux former des triphthongues.

aie   dans *blaye*, *lucaie*, le premier de ces mots peut se prononcer en une syllabe. Le second en deux : *lu caie*. Les Parisiens prononcent *Versaïe* pour *Versailles*.

iée   *alliée*, *mariée*, tous les participes passés féminins des verbes en *ier*, etc.

iia   (deux *i*) *paya*, *Bayard*, qu'on prononce pĕiia, Ba iiard.

iiè   *Mayenne*, *Cayenne*, qu'on prononce Ma iiène, Ca iiè ne.

iié   *ayez*, *soyez*, *foyer*, qu'on prononce a iié, so iié, fo iiér.

iie   *paye* se prononce pa iie. Les Parisiens pronon-

cent fiie au lieu de *fille* ; pas tiie en deux syllabes, au lieu de *pas ti lle* en trois.

iiò	*boyaux*		bo iiò.
iiŏ	*Bayonne*		Ba iiŏ ne.
iieu	*Bayeux*, *aïeux*	qu'on prononce	Ba iièu, a iièu.
iian	*Mayence*, *faïence*		Ma iiance, fa iian ce.
iion	*Noyon*, *employons*		No iion, emploiions.
iin	*moyen*, *païen*		mo iin, pa iin.

oie   certains patois lyonnais prononcent réellement
cette triphthongue, mais en français nous prononçons à sa place la diphthongue *ouà* dans
les mots *oie*, *voie*, *tutoie*, etc.

ouée *nouée*, *jouée*, semblent pouvoir se prononcer en
une seule syllabe.

ouie *épanouie*, *évanouie*, peuvent se prononcer en
trois syllabes.

uia	*appuya*, *ennuya*	Voyez les verbes en
uié	*appuyé*, *ennuyé*	*uier* ou *uyer* : ces mots
uie	*appuie*, *ennuie*	semblent pouvoir se pro-
uian	*appuyant*, *ennuyant*	noncer en deux syllabes

et faire entendre quatre voix de suite sans mélange
d'aucune consonne dans la même syllabe, ce qui ferait des tétraphthongues, car la voix *i* n'est point
simple, elle est double ; c'est pourquoi on écrit *y* et
on prononce *uiia*, *uiié*, *uiie*, *uiian*.

Si ce ne sont pas là des tétraphthongues, ce sont
du moins les sons qui s'allient le mieux pour en former dans la conversation.

Ne pourrions-nous pas considérer comme triph-thongue, en réunissant trois sons, la syllabe qu'on nomme mouillée dans certains mots, comme *travail, émail, conseil, soleil, fauteuil, orgueil, fenouil,* etc. ? On conviendra que tous ces mots peuvent fort bien se prononcer en deux syllabes; et, dans ce cas, la dernière syllabe de chacun de ces mots fera bien entendre distinctement trois sons ou trois voix; mais il y a ici cette différence que les voix ne sont point réunies ensemble par des ligates seulement, comme dans toutes les diphthongues et triphthongues que nous venons d'apercevoir; mais qu'il s'y trouve une consonne entre la première voix et les deux dernières, c'est la consonne *l :* car tous ces mots ne se prononcent-ils pas comme si l'on écrivait *tra va lie, é ma lie, con sè lie, so lè lie, fau teu lie, or gueu lie, fé nou lie.* Pour prononcer ces mots en deux syllabes au lieu de trois, il ne faut que prononcer *ie* qui termine tous ces mots d'une manière extrêmement brève, comme on prononce nécessairement le schéva à la suite de *l* dans les mots *bal, ciel, pluriel, subtil, seul, capitoul,* etc., et cela est d'autant plus facile à faire que les formes *l, i* et *e* sont peu différentes entre elles. Pour *l,* le contact est complet : pour *i* (partant de la forme *l*), la langue se détache encore plus, et l'expiration est plus faible, ce qui convient très-bien pour achever la syllabe. Les changements de forme se font alors si promptement qu'il n'est pas possible que la consonne *l,* non plus que les voix *i* et *e* soient aussi bien senties, par exemple, que dans *lie* (de vin); et comment le seraient-elles autant, puisqu'on dépense beaucoup moins d'air et de temps pour les faire arriver à l'ouïe? Mais cela n'empêche pas que nous avons bien entendu la consonne *l* suivie de la diphthongue *ie* dans tous ces mots : *travail*, *émail*, *conseil*, *soleil*, *fauteuil*, *orgueil*, *fenouil*, etc. Dans ces derniers mots la diphthongue *ie* est si brève comparativement à *ie* de *bouteille*, *feuille*, etc., que l'on peut comparer le dernier *ie* à un *e* muet commun, et le premier à un schéva.

DES CONSONNES.

Volney trouve trente-deux consonnes usitées en Europe : occupons-nous d'abord de celles qu'il attribue à la langue française, car outre les seize, dont nous avons parlé, il lui en donne encore huit autres qui sont les *ll*, *gn*, *g* et *k* mouillés; les deux espèces de grasseyement, l'un doux et l'autre dur; et enfin deux aspirations, l'une douce et l'autre dure.

Quant aux prétendues consonnes, *ll* et *gn* mouillées, nous croyons avoir suffisamment démontré, en parlant des diphthongues, qu'il est inutile de leur donner des caractères particuliers et de les admettre au rang des consonnes. La différence de prononciation n'existant que dans la diphthongue, nous caractériserons cette différence où elle se trouve naturellement.

Les consonnes *g* et *k* devant *é*, *i*, *u*, que Volney nomme mouillées, par opposition aux mêmes consonnes qu'il nomme dures devant *a*, *o*, *ou*, doivent être rejetées de notre alphabet, par des raisons semblables à celles qui nous ont fait rejeter les *ll* et *gn* mouillées ; car si l'on essaie de prononcer différentes voix après la même consonne, et si l'on fait bien attention aux différentes dispositions de nos organes, on verra qu'avant d'émettre le son composé, la forme consonne prend une forme particulière et qui approche le plus possible de la voix qui doit suivre, ou, pour mieux dire, qu'on réunit, autant que cela se peut, les deux formes avant que l'air soit chassé des poumons. Il est donc évident que la même forme consonne peut avoir autant de variantes de formes, qu'elle peut être suivie de voix différentes ; ainsi, si l'on écrit ces voix, il devient superflu d'indiquer ou de noter ces légères variantes de formes consonnes, puisqu'elles se trouvent nécessairement indiquées par les voix qui suivent les consonnes dans les sons composés : on n'aurait pas plus de raison de noter deux *g* et deux *k*, qu'on n'en aurait de noter plusieurs *b*, plusieurs *p*, *s*, etc.; car si l'on prononce les sons *bi*, *bou*, *pé*, *pó*, *sa*, *sú*, on s'apercevra facilement que les formes de ces consonnes varient suivant les voix qui les accompagnent, et qu'il en est de même de toutes les consonnes; elles prennent, en quelque sorte, une espèce de teinte de la voix avec laquelle elles forment le son : on s'apercevra de même que si cette voix doit être prononcée par une expiration forte, le contact ou la vibration de la consonne est alors plus marqué, plus fort; si, au contraire, l'expiration est faible, le contact ou vibration est moins marqué. Ainsi, dans l'expiration moyenne de chaque voix, les unes étant plus fortement expirées que les autres, on reconnaîtra facilement qu'à part les variantes de formes dans les consonnes, occasionées par les différentes voix qui les accompagnent, le contact ou vibration est plus complet devant *a*, *o*, *ou*, que devant *é*, *i*, *e*, etc.

Il nous est impossible de nous faire une idée juste des deux espèces de grasseyement dont Volney parle et qu'il regarde comme des consonnes; l'un dur, usité à Paris, et l'autre doux, usité chez les Hollandais et plusieurs Allemands. D'après ce qu'il en dit, nous serions tentés de croire que le grasseyement dur n'est autre chose qu'un véritable *r* dont la vibration se fait légèrement sentir au fond du gosier, et le grasseyement doux une vraie diphthongue dont la prépositive serait l'*e* muet : nous craignons bien que ce ne soit encore là des consonnes à la manière de *g* et *k* mouillés, car Volney semble être le seul qui mette le grasseyement au rang des consonnes. MM. Destutt et Lemare, qui ont écrit après lui, n'en parlent point, non plus que Delaunay et Dumarsais; mais aussi ces derniers s'accordent à trouver une autre consonne dans l'*y* grec ; Dumarsais l'appelle mouillée faible. Les exemples qu'ils citent l'un et l'autre nous montrent clairement que cette prétendue consonne n'est autre chose que la diphthongue *ii* toute seule, ou servant de prépositive à quelques autres voix pour en faire de vraies triphthongues : tous conviennent qu'on écrit souvent *y* grec pour représenter la valeur de deux *i*, comme dans ces mots : *payens, ayeux, Bayonne, fayence, Noyon,* etc., qui se prononcent comme si on écrivait : *pa iin, a iieux, Ba iionne, fa iiance, no iion,* etc., tandis que dans les mots : *mien, tien, lieu, mendiant, chariot, Lyon* ou *lion,* la prononciation de l'*i* est simple ; ce n'est plus deux *i* qu'on entend comme dans les mots que nous avons cités plus haut. On peut remarquer qu'il est beaucoup de mots où la voix qui termine une syllabe est encore suivie d'une triphthongue dans la syllabe suivante : cette agglomération de voix amène nécessairement à la prononciation une expiration faible et une durée très-brève pour la prépositive de la triphthongue, et c'est ce qui arrive ici pour les deux *i* dans *ayeux,* etc. Serait-ce là ce qu'on entend par *grasseyer ?* Dumarsais dit : « Le peuple de Paris change le mouillé fort « en mouillé faible ; il prononce *fiye, Versayes,* pour « *fille, Versailles.* » On peut dire qu'il est même beaucoup de Parisiens qui prononcent *fiie* en une seule syllabe, et *Ver saiie* en deux : ceci nous porte à croire que bien des personnes entendent par grasseyement certains vices de prononciation provenant de fatuité, ou de précipitation à parler, jointes à la paresse dans l'action des organes ; car la langue semble comme engourdie ou mouillée ; alors les formes et les contacts étant bien moins marqués, il arrive qu'on change les consonnes des unes aux autres, qu'on les retranche même des mots, et qu'on prononce, par exemple, *opeva* pour *opéra*, *mouiir* pour *mourir*, *maion* pour *maison* : on est tenté de croire, comme Volney, que ces prononciations vicieuses en un pays et non dans d'autres (1) tiennent beaucoup des différents climats, mœurs ou habitudes des nations : par exemple, les sons durs et les consonnes multipliées dans la même syllabe semblent annoncer des nations entêtées, pensantes, sérieuses et flegmatiques, comme les Allemands : des nations civilisées, obésiteuses et silencieuses comme les Anglais, les Hollandais, dans un climat froid, auront probablement des sons gênés et paresseux : des nations gaies, doucereuses et voluptueuses dans un climat riant, comme les Italiens, les Otaïtiens, auront dans leurs sons beaucoup de voix sonores et à formes riantes : des nations graves et furibondes, telles que les sauvages de l'Amérique, les Espagnols, les Turcs, etc., quel que soit d'ailleurs le climat, auront des sons pleins et graves; tandis que des peuples civilisés, humains, industrieux, et surtout causeurs comme les Français, dans un climat tempéré, doivent avoir un

______

(1) Ne pourrait-on pas dire qu'il en est de la prononciation comme des goîtres ? Il est un pays en Valais, dont les habitants, à ce qu'on rapporte, trouvent laides toutes les personnes qui n'ont point de goître, et cela parce que le plus grand nombre s'en trouve pourvu.

grand nombre de sons, mais ne doivent pas se servir fréquemment de sons durs et graves, non plus
que de doubles et triples consonnes. Il doit en outre
exister chez tous les peuples en général une grande
différence de prononciation entre les habitants des
campagnes et ceux des villes, par la raison que les
premiers, dans leurs travaux, sont souvent obligés
d'être entendus à de grandes distances, tandis que
les citadins n'étant point soumis à cette obligation,
et ayant fréquemment des occasions de parler, con-
tractent l'habitude de parler avec volubilité, d'adoucir,
de saccader ou de grasseyer les sons.

Pour terminer cet article, nous dirons que ce qu'on
entend par grasseyement, du moins dans la langue
française, ne semble être qu'un vice de prononciation qui fait qu'on change une consonne dure en une
autre plus douce, ou qu'on la retranche même parfois de la vraie prononciation d'un mot. S'il en est
ainsi, on n'a aucune raison de mettre le grasseyement
au rang des consonnes, car on ne s'est jamais avisé
de trouver de nouvelles consonnes dans la prononciation vicieuse des Allemands, qui, au lieu de grasseyer, changent souvent, au contraire, nos consonnes
faibles en fortes, et disent *pon, cholie*, pour *bon,
jolie*. Pour peu qu'on réfléchisse sur les défauts de
notre écriture ordinaire, on sentira fortement l'a-
vantage qu'il y aurait à avoir une écriture plus exacte,
afin de pouvoir représenter fidèlement tous les vices
du langage, et mieux parvenir à les réformer.

DE L'ASPIRATION.

Qu'est-ce donc que l'aspiration que tous les grammairiens reconnaissent, et que la plupart d'entre eux rejettent du rang des consonnes, sans savoir lui assigner une place; tandis que M. Lemare, franchissant les difficultés de ce sujet, trouve des aspirations dans toutes les consonnes? Avant de discuter sur la chose, examinons d'abord le mot. Voyons quel est le sens propre, le plus naturel et le plus vrai du mot *aspirer;* car si nous nous servons d'un mot dont la valeur soit équivoque, nous aurons de la peine à trouver la vérité. En physique, si l'on parle d'une pompe à eau, et que l'on dise une pompe aspirante et foulante, on entend clairement ce que cela signifie. La pompe est aspirante ou produit le mouvement d'aspiration, lorsqu'elle attire à elle, au moyen d'un tuyau, l'eau qui se trouve placée à l'extrémité de ce tuyau; la pompe est foulante, au contraire, lorsqu'elle foule, elle presse l'eau pour la forcer de sortir au dehors d'elle : ainsi, par l'aspiration, la pompe fait entrer l'eau dans son corps, et par la pression elle l'en chasse. Si nous considérons maintenant le mouvement physique de nos organes, nous serons persuadés que nos poumons font l'office d'une pompe à air, et que, par conséquent, nous devons entendre par *aspiration* l'action de faire entrer l'air dans nos poumons, et par *expiration* celle de l'en chasser. On a vu (page 44), à l'article des Articulations ou prévoix, qu'il n'est pas d'usage dans notre langue de prononcer aucun son en aspirant réellement l'air dans nos poumons ; et, quoique nous ayons semblé croire que cet usage pouvait bien exister dans quelques langues étrangères, nous ne croyons point qu'il existe en effet ; ce qui fonde surtout notre doute, c'est ce que dit Volney du mot *aspiration*. L'opinion de ce savant doit être ici d'un grand poids, car ayant vécu plusieurs années parmi les Arabes, peuples qui ont une grande habitude des sons que l'on nomme aspirés, il a été à même de bien observer le mécanisme de ce qu'on nomme aspiration, et voici ce qu'il en dit dans sa Grammaire arabe, page 219 : « On nomme aspiration une expulsion sèche de l'air « par la gorge, sans accompagnement de son ; c'est « un souffle plus ou moins fort, mais sourd par lui- « même, tel que la prononciation peinte par *h* sur- « tout chez les Allemands. C'est une espèce de con- « sonne. » Le mot *aspiration* est si bien reçu par les grammairiens qu'il ne paraît pas qu'aucun d'eux se soit aperçu qu'il forme une véritable contradiction avec l'idée qu'il représente. Volney lui-même, qui a le mieux observé et décrit ce qu'on nomme aspiration, ne s'est point arrêté à ce contre-sens qui lui fait donner le nom d'aspiration à une expulsion ; cependant l'un de ces mots signifie *attirer dedans*, et l'autre *pousser, chasser au dehors* ; car enfin, pour peu qu'on veuille faire attention à la valeur des mots, on ne peut pas dire qu'une expulsion soit une aspiration.

Voyons cependant si cette aspiration, qui n'est point aspiration, mais bien au contraire une véritable expiration forte ou expulsion sèche, existe dans notre langue ou si elle n'y existe pas, et ce qu'elle peut être dans d'autres langues.

Voici des exemples où l'on trouve l'aspiration ; car nous sommes encore obligés de nous servir de ce mot : *la haine*, *la honte*. Nous sentons qu'une bonne prononciation nous commande d'expirer plus fortement, et sur une forme grave, le premier son de chacun de ces mots. La gravité des sons est ici en harmonie avec la gravité des idées que ces mots représentent ; c'est sans doute par cette raison que d'Olivet préfère dire *la hideuse image* ; car si un mot doit être aspiré à cause de sa signification, c'est celui de *hideux*, tandis qu'il serait ridicule d'aspirer *amour*, *amitié*, et de prononcer *le amour*, *la amitié*, ainsi que d'autres mots qui présentent à l'esprit des sentiments agréables.

Si la voix qui suit l'aspiration est expirée fortement et sur une forme grave, et qu'on veuille noter ces modifications du son, on peut le faire au moyen des signes et accents prosodiques plutôt que par des caractères qu'on voudrait assimiler aux lettres ; mais ni l'une ni l'autre de ces deux manières de noter n'est nécessaire, si nous expirons moyennement et sur une forme moyenne, comme nous faisons de coutume dans *le héros*, *la Henriade*, *la Hollande*, *la Hongrie*. Volney trouverait dans ces mots ce qu'il appelle l'aspiration

douce. Il dit, en parlant de cette espèce d'aspiration,
qu'elle décroît sensiblement en France, et il ajoute:
« Sans doute l'homme, amolli en se civilisant, trouve
« pénibles et inutiles ces efforts de poumons que les pas-
« sions vives et les besoins violents inspirent à l'homme
« sauvage ou rustique. » Nous remarquerons aussi,
avec Volney, que les mots qui sont prononcés souvent, et qui ne renferment point d'idées graves, finissent par ne plus être aspirés, comme il est arrivé aux
mots toile *d'Hollande*, du point *d'Hongrie*, etc.,
tandis qu'on dit et qu'on devrait toujours dire, ce
nous semble, *la Henriade, le héros;* mais s'ensuit-il
que cette espèce d'aspiration puisse être considérée
comme une consonne? Point du tout, ce n'est qu'une
voix prononcée de suite après la pause, un vrai hiatus
ou prononciation gênée par le choc de deux voix,
ou tout au plus une manière de prononcer cette
voix soit fermée soit ouverte sur une forme grave,
et par une expiration brusque et forte, et nous ne
voyons, le plus souvent, aucune différence de prononciation entre ces mots : *Abraham, Balaam,
Isaac*, etc., qu'il y ait un *h* ou qu'il n'y en ait point;
ainsi il est absolument inutile d'affecter d'un caractère l'hiatus ou le choc de deux voix, si on écrit
ces deux voix et que la pause qui les sépare dans la
prononciation soit bien marquée dans l'écriture.

En admettant qu'il existe une aspiration dure dans
certaines langues étrangères, ce dont nous ne doutons point, voici comment nous la concevons. Sup-

posons l'air poussé et retenu fortement contre la glotte, qui est alors tellement fermée, qu'elle ne laisse aucun passage à l'air pour arriver dans la bouche. Supposons encore dans le même temps les organes supérieurs disposés pour une forme quelconque de voix; si l'on ouvre subitement la glotte, l'air, en partant, fait explosion, et fait parvenir à l'ouïe une voix brusquement expirée, semblable à une toux sèche, mais qui n'a point de teinte d'aucune forme consonne; il y a bien un rapport entre cette voix et l'air poussé et retenu sur les formes consonnes, mais il y a toujours cette différence que celles-ci sonnent avec la voix, tandis que la rupture du contact de la glotte ne sonne point avec elle : la voix se trouve alors seulement modifiée sous le rapport de l'expiration, qui est plus subite et plus brusque selon que la glotte a été plus fermée, et que l'air a été poussé et retenu contre elle avec plus de force. Si on veut voir une consonne dans le contact de la glotte, on ne doit point lui donner le nom d'aspiration, mais bien celui de consonne glottale. Nous croyons voir aussi un rapport entre ce qu'on nomme aspiration et ce que nous nommons voix fermée; l'une et l'autre exigent un coup de gosier, mais avec cette différence que le coup de gosier ouvre la glotte pour ce qu'on nomme aspiration, et qu'il la ferme pour la voix fermée : on verra dans notre aperçu d'Alphabet universel quel est le moyen de représenter, dans l'écriture, cette aspiration dure ou consonne glottale.

Maintenant que nous nous sommes fait une idée juste de ce qu'on a toujours entendu par le mot *aspiration*, nous nous demanderons s'il convient encore de se servir de ce mot, et s'il ne vaudrait pas mieux lui substituer celui d'*expulsion*, pour signifier la prononciation glottale par une expiration brusque qu'on trouve dans quelques langues étrangères, et celui d'*hiatus* pour signifier ce que Volney et M. Destutt nomment une aspiration douce, aspiration que l'on trouve usitée dans la langue française? A cela nous répondrons que, quoique cette innovation dans le langage grammatical ne puisse être qu'avantageuse, il ne faut pas croire qu'elle soit jamais adoptée, tant l'habitude est puissante et incorrigible.

Pour terminer ce que nous avions à dire sur toutes ces prétendues consonnes, avouons que les *ll, gn, g, k* mouillés, les deux espèces de grasseyements, ainsi que les aspirations dures et douces et l'*e* mouillé faible de Dumarsais, que toutes ces prétendues consonnes, disons-nous, doivent être mises au rang des choses qui n'ont été ni bien examinées, ni bien jugées, ni bien nommées, ni bien représentées par l'écriture : et concluons, de notre précédent examen, que les seize consonnes dont nous avons décrit les formes et à chacune desquelles nous avons donné un caractère dans notre nouvel Alphabet, suffisent pour la langue française.

DES CONSONNES INITIALES ET FINALES, AINSI QUE DES DOUBLES ET TRIPLES CONSONNES.

Les consonnes initiales sont celles qui commencent la syllabe, comme *b*, *p*, *r* et *n* dans les mots *boire*, *poire*, *reine*, etc.

On entend par consonnes finales celles qui, au contraire, terminent la syllabe, comme *b*, *p*, *c*, *m* et *r* dans les mots *Job*, *cap*, *soc*, *Priam*, *char*, etc.

Par les doubles consonnes, il faut entendre deux consonnes réunies dans la prononciation, comme le sont les deux voix d'une diphthongue, c'est-à-dire qu'on les entend à la suite l'une de l'autre dans la même syllabe. Ainsi *fr* dans *frère*, et *gl* dans *gloire*, sont des doubles consonnes qui, quoique prononcées avec toute la brièveté possible, nécessitent un mouvement pour le changement de forme de l'une en l'autre consonne; et comme la ligate existe toujours entre les deux voix d'une diphthongue, il existe toujours aussi un schéva entre les deux consonnes : avec cette différence que la ligate n'a point de son par elle-même, et que le schéva s'entend toujours comme un *e* muet excessivement bref, quoique le plus souvent d'une manière bien fugitive, et, pour ainsi dire, inaperçue par l'ouïe. Ainsi lorsqu'on prononce *frère*, *gloire*, on entend plus ou moins distinctement prononcer *ferère*, *gueloire*.

On peut faire également un tableau des diverses combinaisons des consonnes prises deux à deux. Au moyen de ce tableau, on pourra facilement faire des remarques analogues à celles qu'on aura pu faire avec le tableau des diphthongues, savoir : 1° qu'il est des consonnes qui, par leurs formes, sont plus naturellement prépositives de biconsonnes que d'autres ; 2° que certaines consonnes, surtout les liquides *l* et *r*, jouent, au contraire, souvent le rôle de postpositives ; 3° et enfin qu'il est des consonnes qui se lient très-bien entre elles dans la prononciation, et semblent même n'en former qu'une, tandis qu'il en est d'autres qui semblent se refuser entièrement à toute liaison : il serait trop long et inutile de fournir ici des exemples à l'appui de ces remarques, d'autant qu'on peut facilement les faire soi-même ; mais il n'est peut-être pas inutile de remarquer que chaque peuple, suivant ses habitudes ou le génie de sa langue, a plus particulièrement certaines biconsonnes que d'autres peuples ; et, à ce que nous avons dit (page 111), que toutes les formes consonnes varient suivant qu'elles sont suivies de telle ou telle voix, nous ajouterons ici qu'elles varient aussi selon qu'elles sont suivies immédiatement de telles ou telles consonnes : par exemple la forme *b* n'est pas exactement la même pour *bla* que pour *bra*.

Les triples consonnes sont bien moins fréquentes dans la prononciation que dans l'écriture d'usage ; car, comme nous voyons employer en français deux caractères dans *ch*, et trois en allemand, *sch* pour représenter une simple consonne ; de même on voit

quatre caractères pour ne représenter qu'une bicon-
sonne dans les mots *diphthongue*, *schmiedberg*,
schneberg, *schlaitz*, *deutsch*, etc., ce qui ne fait
qu'accroître les difficultés de la lecture; on ne voit
guère de triples consonnes prononcées que dans les
str, les *scr*, les *spr*, comme dans *stratégie*, *scrupule*,
spragiste, etc.

Nous avons dû nécessairement entrer dans les explications qui précèdent relativement aux voix, aux
diphthongues, aux consonnes, aux doubles et triples
consonnes, afin de faire mieux comprendre les principes que nous allons établir pour bien écrire les syllabes composées.

De la manière d'écrire les syllabes composées.

Pour bien développer nos principes sur la manière
d'écrire les syllabes composées, il convient de considérer les syllabes en général comme étant encore
de quatre espèces, que nous nommerons ainsi : *syllabes directes*, *inverses*, *closes* et *mi-closes*.

Syllabe directe.

Soient nos organes supérieurs disposés sur l'une
ou l'autre forme consonne; en poussant l'air sur cette
forme et sans discontinuer de le pousser, si on ouvre
la bouche sur une forme de voix quelconque, on
prononce alors une syllabe directe, comme *matin*,

bateau; on peut encore, pendant la même émission d'air, changer promptement les formes consonnes, en faire entendre deux ou trois au lieu d'une, et les faire suivre de la voix ou diphthongue qui forme toujours le principal appui de la prononciation de cette syllabe; exemple : *Grè ce, Clau de, gloi re, scra be, stra té gie.* Dans les premières syllabes de ces mots, on voit clairement que, sans discontinuer de pousser l'air, on a changé promptement de deux ou trois formes consonnes avant d'ouvrir la bouche sur une forme de voix : ainsi, pour la syllabe directe, l'air est poussé avec continuité, d'abord sur la bouche fermée, et ensuite sur la bouche ouverte, ou, pour parler plus exactement, d'abord sur une ou plusieurs formes consonnes, et ensuite sans qu'il y ait aucune pause sur une ou plusieurs formes de voix.

Syllabe inverse.

Pour la syllabe inverse l'air est, au contraire, poussé avec continuité d'abord sur une ou plusieurs formes de voix, et ensuite sur une ou plusieurs formes consonnes; exemples : *air, ier* (car *h* n'a point de son), *arc, ours.*

Syllabe close.

La syllabe close réunit les conditions de la syllabe directe et de la syllabe inverse, c'est-à-dire que, pendant la même émission d'air, on fait entendre d'abord

une ou plusieurs consonnes, ensuite la voix ou diphthongue qui forme appui, et enfin une ou plusieurs
consonnes après ; exemples : *pair*, *voir*, *cap*, *Job*,
toul, *seul*, *scrobs*, etc.

Syllabe demi-close.

La syllabe mi-close ne diffère de la syllabe close
que par la terminaison qui, au lieu de ne laisser entendre qu'un schéva, fait parvenir distinctement à
l'ouïe la diphthongue *ie*. Ainsi *seul* et *toul* sont des
syllabes closes, parce que l'expiration est close ou
fermée après la consonne *l;* tandis que *seuil* (de
porte) et *nouil* dans le mot *fenouil*, sont des syllabes mi-closes parce que l'expiration laisse encore
entendre *ie*, diphthongue très-brève et faiblement
expirée, après la consonne *l*, qui se trouve toujours
dans notre langue la consonne finale de ces syllabes.
C'est la même espèce de syllabe dont nous avons parlé
à l'article triphthongue qui réunit trois sons : elle
fait partie des syllabes qu'on nomme mouillées, et
pour lesquelles, par une singularité inexplicable, il
faut écrire suivant notre orthographe d'usage l'*i*
avant *l*, quoiqu'il soit prononcé après.

Pour les exemples à suivre dans la manière d'écrire,
on pourra s'exercer sur les syllabes suivantes :

SYLLABES DIRECTES.

5   10   15
Mné bdé blouà brin pla pneu prè psò pté vlo vrè flo frè fti droua tchaou
20   25   30
tla tné tmè trè tsin tzè sbi ska scha slo smo sno spa sfè sta glouà gnô
35   40   45
gra gzan kle kra kza knou schlot schna sclé scru sgra spra splan stra lie
50
nie (1) lie nie (2).

SYLLABES INVERSES.

Am ab ap av af ad at al an az as aj ach ag ak ar.

Em eb ep ev ef ed et el en ez es ej ech eg ek er.

Im ib ip iv if id it il in iz is ij ich ig ik ir.

Om ob op ov of od ot ol on oz os oj och og ok or.

Um ub up uv uf ud ut ul un uz us uj uch ug uk ur.

Oum oub oup ouv ouf oud out oul oun ouz ous ouj ouch oug ouk our.

Eum eub eup euv euf eud ent eul eun euz ens euj euch eug euk eur.

Ark yact ours obs eks ank ink alie eulie (3).

SYLLABES CLOSES.

5
Mic mac bac parc rapt tact.

10
Zig zag bref ceps zest mœurs.

15
Strict fiec crist busc musc.

20
Troc rob sol vol tuf duc sud.

25
Nul tchil bzzin spietz streil.

30
Sultz szug ted netz.

35
Tschur tlas stras bourg.

40
Scrobs svel.

SYLLABES MI-CLOSES.

Mail bail vieil feuil denil tail leil nouil seil seuil gueuil kail zeuil, etc.

---

(1) Dans ces deux dernières syllabes l'*i* est long, comme dans *lie* (de vin) et *nie* du verbe *nier*.

(2) Dans ces deux dernières syllabes l'*i* est bref, et se prononce comme dans *bouteille*, *Allemagne* ; c'est ce qu'on nomme *ll* et *gn* mouillés.

(3) Ces deux dernières syllabes inverses font entendre ce qu'on

Dans la langue française *l* et *r* sont plus souvent postpositives de biconsonnes que toutes les autres consonnes, et on ne voit jamais *l, n, j, ch, r, z,* être prépositives : les consonnes *b, v, d, g,* qu'on nomme faibles, ne le sont presque exclusivement que devant *l* et *r,* tandis que les consonnes *p, f, t* et surtout *s,* qu'on nomme fortes, semblent être bien plus facilement prépositives.

L'*e* muet, non plus que l'*é* aigu, ne commence jamais une syllabe inverse. Ces syllabes sont en petit nombre dans notre langue ; on les trouve au commencement des mots, comme dans *objecter, admettre, Islandais, ulcère,* etc. ; rarement à la fin, comme dans *Raab, Abraham, Te Deum, Saül, Laïs,* etc. ; dans les syllabes inverses, les voix qui précèdent les consonnes *z, s, j, ch* et *r* sont presque toujours des voix ouvertes, quoique faiblement expirées, tandis que les voix qui précèdent les autres consonnes sont ordinairement toujours des voix fermées.

Les syllabes closes sont en très-grand nombre dans la langue française ; nous ferons observer que pour prononcer les *sch* qu'on trouve dans les exemples cités, il faut lire *s* et *ch,* et non pas *sk* ou *ch* seul. Quoique nous ne prétendions point dire ici que ce

---

nomme un son mouillé ; mais ce son est plus bref dans *ail, œil,* seuls mots où on les trouve, que dans *bouteille.* Ainsi l'on doit écrire *l* de ces deux mots comme on écrira *l* final des syllabes mi-closes.

soit là la véritable prononciation de ces syllabes qu'on ne trouve que dans des mots étrangers.

La manière d'écrire les syllabes directes composées est facile; il ne faut, pour cela, qu'avoir soin d'écrire les caractères consonnes sur la ligne supérieure d'écriture, en les liant entre eux, pourvu que la liaison n'amène aucune ambiguïté dans ces caractères; pour cela on peut consulter le Tableau des doubles consonnes; ensuite on écrit en descendant, et sur la ligne moyenne d'écriture, les voix ou diphthongues qui terminent ces syllabes.

Pour les syllabes inverses, on écrit d'abord la voix ou diphthongue qui commence ces syllabes sur la ligne moyenne; les voix ne s'écrivent jamais hors de cette ligne; mais, quant aux consonnes qui terminent ces syllabes, il faut les écrire sur la ligne inférieure, à l'exception de *m*, *n* et *r* qui, pour plus de commodité, peuvent s'écrire sur la ligne des voix; il ne peut en résulter aucune ambiguïté, parce que les caractères de ces trois consonnes sont très-différents de tous les caractères affectés aux voix.

Les syllabes closes s'écrivent suivant les principes admis pour écrire les syllabes directes et les syllabes inverses, c'est-à-dire que, hors le cas où elles seraient terminées par les consonnes *m*, *n* et *r*, elles occupent les trois lignes d'écriture.

Les syllabes mi-closes, qui sont en très-petit nombre dans notre langue, occupent les trois lignes d'écriture; il a fallu, pour ces syllabes, ajouter un point en dessous du caractère *l* : il aurait été plus exact d'y joindre encore sous le point le signe de l'*e* muet, mais comme ce n'est qu'un bien faible schéva, et que d'ailleurs nous nous servons seulement du point pour les diphthongues en dessus ou en dessous des voix pour tenir lieu d'un *i*, le point peut être encore placé seul sans aucune difficulté sous une consonne pour représenter entièrement la diphthongue *ie*, lorsque celle-ci termine les syllabes mi-closes.

Les diverses syllabes étant écrites suivant les principes que nous venons d'indiquer ne semblent former, chacune, qu'un seul et unique caractère, comme on peut le voir (planche 2e).

De la manière d'écrire les mots composés de plusieurs syllabes.

Les mots composés de plusieurs syllabes *directes closes*, ou *mi-closes*, n'offrent point de difficultés dans la manière de représenter leur prononciation réelle pour la nouvelle écriture, d'après les principes que nous avons établis pour écrire les syllabes.

Les mots où il entre quelques syllabes *inverses*, ainsi que ceux où une voix seule forme syllabe, présentent quelque difficulté : Ainsi, dans les mots *Saül, Balaam, néréides, naïades, poésie, poètes*, etc., on doit écrire de manière à ce que les deux voix qui se rencontrent, et qui ne font point partie de la même syllabe, ne soient point écrites, comme si elles

formaient ensemble diphthongue ; car il est deux manières d'écrire les voix les unes à la suite des autres,
comme on peut le voir (planche 1re). On peut remarquer que, pour les diphthongues, les caractères sont
groupés ensemble autant que possible, que l'*i* est
même remplacé par le point ; mais lorsqu'une voix
termine une syllabe, le caractère de cette voix ne
doit point être groupé ou rapproché de la voix qui
vient de suite se présenter pour la syllabe suivante ;
ainsi *oè*, par exemple, ne doit pas être écrit pour
poète, comme il doit l'être pour *poéle*, parce que,
conformément à l'usage, *oé* est diphthongue dans ce
dernier mot, et que, dans le premier, ces deux voix
sont séparées par la pause ; il convient donc évidemment de les séparer aussi dans l'écriture. Il résultera
de cette méthode que la pause sera toujours bien distincte dans les mots, que les syllabes le seront également,
et qu'on n'hésitera pas dans l'écriture, par exemple,
à prononcer *passion* en deux ou trois syllabes, parce
que la manière d'écrire, dans les deux cas, est bien
différente.

*Des changements de prononciation que subissent les mots
par leur liaison entre eux dans le discours.*

Beaucoup de mots éprouvent des changements de
prononciation ; les uns dans leurs premières syllabes,
et c'est la majeure partie de ceux qui commencent
par une voix ; d'autres, dans leurs syllabes finales ;

d'autres enfin dans leur syllabe initiale autant que dans leur syllabe finale. Ces changements de prononciation dans le même mot ont deux causes bien distinctes qu'il ne faut pas confondre; l'une vient du besoin d'adoucir le choc des sons, ou d'éviter les hiatus, sans pour cela que ce mot ait changé de valeur; la seconde vient des divers rapports que les mots ont entre eux, suivant qu'ils modifient ou qu'ils sont modifiés. Ainsi, la plupart des noms varient leur prononciation suivant le genre et le nombre où ils se trouvent, et les verbes suivant les différents modes, temps, personnes et nombres qui leur sont propres; c'est aux grammairiens qu'il appartient d'établir et de fixer les principes de toutes ces variantes dans la prononciation d'un même mot. On peut consulter, sur ce sujet, les bons grammairiens ainsi que l'excellent Traité de prononciation de M. Dubroca. Mais quant à nous, ne voulant point dévier de notre but, nous allons seulement indiquer les diverses manières d'écrire les mots, suivant la prononciation bonne ou mauvaise causée par des hiatus ou par les diverses liaisons des mots entre eux, lorsque ces mots ne changent point de valeur. Pour cela nous allons considérer les mots sous quatre points de vue différents :

Les mots terminés par { des voix / des consonnes } suivis de mots commmenç. par { des voix / des consonnes / des voix / des consonnes }

Des mots terminés par des voix, suivis de mots commençant
par des voix.

L'*e* muet final des mots s'élide ou disparaît souvent
devant d'autres mots qui commencent par une voix;
cette élision est quelquefois indiquée dans l'écriture
ordinaire par une apostrophe, comme dans les exemples suivants : *l'espace*, *il s'occupe*, etc. ; d'autres
fois l'élision n'est point marquée et n'a pas moins
lieu : ainsi, quoiqu'on écrive il rend *hommage* à ses
vertus, un *homme intègre*, *rouille éternelle*, etc.,
l'*e* muet final des mots *hommage*, *homme* et *rouille*
disparaît dans la prononciation ordinaire de ces locutions, et doit par conséquent disparaître dans l'é-
criture.

La voix *a* semble être, après l'*e* muet, la seule des
voix orales qui s'élide, et encore cela n'est-il vrai
que pour l'article ou le pronom *la* : ainsi, au lieu de
dire *la amitié*, *la espérance*, *je la aime*, on dit :
l'amitié, *l'espérance*, *je l'aime* (elle). On voit encore cependant élider l'*i* final de la conjonction *si*,
mais ce n'est que devant le pronom *il*. On dit : *s'il
arrive*, *s'ils approchent*, pour *si il arrive*, *si ils
approchent*.

La règle à suivre pour bien écrire dans les divers
cas que nous venons de citer est simple et facile,
c'est d'écrire les voix finales devant d'autres voix,
seulement lorsqu'elles se prononcent. Ainsi nous écrirons sans élision *faites-le entrer*, *le héros*, *la Hen-

riade, le hareng, je hais, on me harcèle, un pau-vre hère, si Argant veut, etc. Nous ne comptons point ici la lettre *h* pour une consonne; elle est dans tous ces mots d'une inutilité absolue, puisqu'elle n'a aucune prononciation particulière; elle n'est là, pour ainsi dire, que pour marquer l'hiatus, et encore n'est-ce que par un caprice de l'usage.

Dans les exemples suivants, où l'élision de la voix finale a lieu, nous écrirons comme l'on prononce *l'espace, il s'occupe, j'écoute, il m'intéresse, l'a-mitié, l'hiatus, l'habit, homm intègre, bataill indécise, rouill éternelle, hommag à ses vertus, s'il arrive,* etc., c'est-à-dire, que l'*a,* l'*i* et l'*e* muet final des premiers mots, dans tous les exemples que nous venons de présenter, n'étant point prononcés, ils ne doivent point être écrits. Mais, comme il est bon qu'on marque toujours la séparation des mots dans l'écriture, il ne faut point joindre ensemble, par exemple, *l* de *le* article avec *e* du mot *espace* (et écrire *lespace*), comme on fait pour écrire les sons composés, ou comme on ferait pour écrire *leste.* On trouvera (planche 2e) les mots que nous ve-nons de citer écrits suivant nos principes, et on se convaincra qu'il n'est pas besoin de caractères pour marquer l'hiatus, ni d'apostrophe pour marquer l'é-lision.

Les mots terminés par des voix nasales et suivis de mots commençant par des voix méritent quelque at-tention. La voix nasale peut se prononcer de trois manières : 1° ou elle se prononce et ne se lie point; 2° ou elle se prononce et se lie; 3° ou enfin elle se décompose dans la prononciation pour se lier au mot suivant, et cesse alors d'être nasale.

1.° La voix nasale n'est point liée dans ces exemples : *ce ruban est beau, un jardin agréable, un pronom absolu, le brun allié au blanc.*

2° La voix nasale est liée dans les exemples suivants : *il est en âge, on ose, ancien ami, on a dit, en apparence, tribun odieux;* on voit qu'ici la voix nasale, après avoir été prononcée comme elle doit l'être (mais ordinairement par une expiration plus faible), peut se lier avec la voix qui suit, au moyen de la consonne *n*, qui s'ajoute alors et s'interpose entre les deux voix, et qu'on prononce ces mots comme s'ils étaient écrits ainsi : *il est en n-age, on n-ose, ancien n-ami, on n-a dit, en n-apparence, tribun n-odieux.*

3° La voix nasale est décomposée et cesse d'être nasale dans les exemples ci-après : *bon ami, ton habit, un oiseau, un homme,* si l'on prononce de la sorte : *bo n-ami, to n-abit, u n-oiseau, u n-ome.* Dubroca veut que l'on prononce : *a n-arrière, a n-avez-vous assez, biè n-aimé, riè n-oublié, souverè n'empire, en plè n-air,* etc. Quoique cet auteur admette ces sortes de décompositions des voix nasales pour un petit nombre de locutions, on voit clairement qu'elles lui répugnent, et qu'il ne les admet qu'autant que l'usage les a consacrées. Quant à nous,

nous pensons que cette manière de prononcer, surtout les voix *an* et *in*, comme dans les exemples que nous avons cités, d'après Dubroca, est vicieuse, et qu'on ferait mieux de prononcer : *an n-arrière*, *souverain n-empire*, etc., qu'en prononçant les voix nasales *an* et *in* par une expiration faible, et c'est bien là réellement la prononciation la plus usitée. Mais, quant aux voix *on* et *un*, on peut plus facilement trouver des exemples où elles sont réellement décomposées, dans la prononciation, en *o* et *n* et *u* et *n*. On trouvera (planche 2e) les trois différentes manières d'écrire les nasales suivies de mots commençant par des voix; on pourra y remarquer aussi une différence bien sensible dans la manière d'écrire les locutions suivantes : *il est en âge* (de raison), *on ose mentir*. Dans ces deux locutions, après les nasales *en* et *on*, la pause doit être bien marquée, et la liaison *n* à peine sentie; tandis que, dans les exemples suivants : *il est en nage* (sueur), *on n'ose pas mentir*, la consonne *n*, qui vient après les nasales, n'est plus une liaison; elle fait partie essentielle du mot *nage* ou de la négative *ne* : par conséquent le contact de cette consonne doit se faire beaucoup mieux sentir dans la prononciation, et doit, dans l'écriture, occuper la place ordinaire des consonnes.

Des mots terminés par des voix suivis de mots commençant
par des consonnes.

Les voix finales devant les consonnes initiales des
mots suivants se prononcent toujours, excepté dans
un petit nombre de locutions consacrées par l'usage,
comme : *grand'mère*, *grand'messe*, etc. Il est tout-
à-fait inutile de donner des exemples à cet égard
dans notre nouvelle écriture, car rien n'est plus facile que de ne point écrire ce que l'on ne prononce pas.

Nous pouvons, pour plus de brièveté dans l'écriture, et sans craindre de nuire à sa clarté, retrancher l'*e* muet final de tous les mots qui sont suivis
d'autres mots commençant par des consonnes : ainsi
nous écrirons *j chant*, *il t faut*, *j m trouve seul*, etc.;
mais lorsque l'*e* muet se prononce et qu'il est suivi
d'autres voix, nous devons toujours l'écrire.

Des mots terminés par des consonnes, suivis de mots
commençant par des voix.

En traitant ici des consonnes finales, nous n'entendons parler que de celles qui se prononcent, et
non pas de ces caractères inutiles qui sont si fré-
quents dans l'écriture d'usage.

Les mots terminés par des consonnes peuvent se
diviser en trois classes : la 1re se compose des mots
dont la consonne finale est toujours prononcée, quelles
que soient les lettres initiales des mots suivants. La

2ᵉ classe comprend les mots dont la consonne finale se change en une autre consonne pour adoucir la prononciation et se lier avec les mots suivants, si ces mots commencent par des voix. Et enfin, la 3ᵉ classe se compose de mots qui s'adjoignent parfois d'autres lettres pour se lier plus facilement avec d'autres mots qui commencent par des voix.

1ʳᵉ CLASSE.

Exemples.

Roc, duc, arc, cheval, colonel, vil, il, vol, nul, cep, air, char, ver, voyageur, fier, plaisir, strict, Arras, sud, cap, etc. Lorsque ces mots se lient aux mots suivants qui commencent par des voix, la consonne finale s'en détache ou se répète (comme le *n* des nasales dans bien des cas) pour former syllabe avec la voix qui suit, comme dans ces exemples : *ro kescarpé, du ket pair, ar ken ciel, cheva lindompté, colonè lintrépide, vi limposteur, i linstruit, vo lave kéfraction, nu lintérest, un cè parraché, su dest, stric tet absolu.* La consonne finale se répète dans les mots suivants : *l'air rest pesant, char rattelé, ver ra soie, voyageur régaré, fier ret hautain, plaisir ret peine, Arras sest une ville.*

2ᵉ CLASSE.

Exemples.

F   *se changeant en*   **V.**

Le chef du complot.	Un chè vintrépide (1).
Il est pensif, silencieux.	Il est pensi vet réfléchi.
Il a son motif pour.	Moti vimpérieux.
Il est encore neuf.	Le neu vavec le vieux.

S   *se changeant en*   **Z.**

Hélas, je ne puis.	Hélà zen ce moment.
L'hiatus n'est point une aspiration.	Un hiatù zintolérable.
Le blocus de Landeau.	Un blocù zétroit.
Ton fis (fils) t'aime.	Ton fî zest reconnaissant.

Les exemples, pour cette seconde classe, sont assez rares.

3ᵉ CLASSE.

Mots qui s'adjoignent certaines consonnes pour pouvoir se lier avec les initiales des mots suivants.

Orthographe d'usage.	Prononciation réelle et sans liaison devant une consonne.	K Servant de liaison.
Blanc.	Blan de cygne.	Du blan kau noir.
Franc.	Fran maçon.	Un fran kétourdi.
Jonc.	Du jon de belle taille.	Du jon ken tas.
Cinq.	Cin franc.	Cin kécus, cin kheures.
Rang.	Le ran suprême.	Un ran khonorable.
Long.	Le lon du ruisseau.	Lon kintervalle.
Joug.	Jou pénible.	Jou kintolérable.
Bourg.	Faubour Saint-Jacques.	Faubour kincendié.

----

(1) Dans cet exemple il semble qu'il serait aussi bien de prononcer *chef intrépide.*

Orthographe d'usage.	Prononciation réelle et sans liaison devant une consonne.	**P** Servant de liaison.
Trop.	Il est trŏ malin.	Je ne me fie pas tro pa lui.
Beaucoup.	Beaucou d'honneur.	Beaucou pen ont parlé.
Sirop.	Sirŏ d'orgeat.	Un siro pexquis.
Coup.	Cou mortel.	Le cou paffreux.

		R Servant de liaison.
Léger.	Légé comme une plume.	Légé robstacle.
Premier.	Le premié commandement.	Le premié robjet.
Singulier.	Le singulié masculin.	Singulié r-événement.
Dernier.	Dernié combattant.	Dernié r-homme.
Entier.	Il est entié.	Un entié r-abandon.

		Z Servant de liaison.
Taillis.	Tailli situé.	Tailli z-ouvert.
Désormais.	Désormai nous.	Désormai z-avec moi.
Frais.	Frai comme.	Frai z-et dispos.
Mais.	Mai vous.	Mai z-il.
Mes.	Mè camarades.	Mè z-amis.
Palais.	Le palai du Roi.	Le palai z-impérial.
Amas.	Un amà de.	Ama z-indigeste.
Pas.	Un pà devant l'autre.	Pà z-à pà.
Accès.	L'accè n'en sera point.	L'accè z-en est facile.
Dès.	Dè que.	Dè z-à présent.
Les.	Lè femmes.	Lè z-hommes.
Brebis.	Brebi mérinos.	Brebi z-égarée.
Avis.	Avi profitable.	Avi z-important.
Mépris.	Mépri coupable.	Mépri z-outrageant.
Bois.	Boi fort épais.	Un boi z-épais.
Mois.	Le mŏi de juin.	Un mòi z-écoulé.
Gros.	Un grò marteau.	Un gro z-arbre.
Abus.	C'est un abu récriant.	Un abu z-indigne.
Confus.	Il est confus, repentant.	Il est confu z-et incertain.
Prix.	Le pri de sa trahison.	Un pri z-exorbitant.
Faix.	Un fai double du vôtre.	Un fai z-accablant.
Affreux.	Plus affreu que misérable.	Affreu z-et intolérable.

Orthographe d'usage.	Prononciation réelle et sans liaison devant une consonne.	T Servant de liaison.
Laid.	Il est lai comme.	Un lai t-animal.
Quand.	Quan vous voudrez.	Quan t-il voudra.
Comprend.	Compren ce qu'on te dit.	Il le compren t-à sa voix.
Friand.	Frian du gibier.	Frian t-oiseau.
Fond.	Un fon considérable.	De fon t-en comble.
Répond.	Il ne répon pas.	Il répon t-aux soins.
Lisait.	Il lisai le.	Il lisai t-avec grace.
Parlaient.	Ils parlai tous à la fois.	Ils parlaient-ensemble
Élégant.	Habit élégan par sa forme.	Élégan t-et facile.
Couchant.	Le couchan était.	Du couchan t-à l'aurore.
Accent.	Accen provincial.	Accen t-aigu.
Part.	Il par demain.	Il par t-après demain (1).
Plat.	Plă d'argent.	Pla t-écrivain.
Saint.	Sain Louis.	Saint t-Honoré.
Vingt.	Vin mille.	Vin t-écus.
Atteint.	Il a attein sa.	Attein t-et convaincu.
Sept.	Il a sĕ franc.	Il a sĕ t-ans.
Est.	Il ê poète.	Il ê t-éloquent.
Crédit.	Il a du crédi.	Il est en crédi t-à la cour.
Adroit.	Adroi comme un singe.	Adroi t-imposteur.
Boit.	Il boi de l'eau.	Il boi t-outre mesure.
Joint.	Il s'y est join.	Join t-à ce que.
Prompt.	Il est prom.	Prom t-à se résoudre.
Mont.	Le mon Pila.	Mon t-inaccessible.
Sont.	Ils son partis.	Ils son t-à Paris.
Fort.	Il est for et courageux.	Il est for t-aimable.
Sort.	Il sor par ici.	Il sor t-à l'instant.
Court.	Il est cour.	Cour t-et bon.
Minuit.	Il est minui.	De minui t-à une heure.
Défunt.	Défun père.	Défun t-ami.

Dans cette troisième classe de mots où l'orthographe d'usage veut qu'on écrive en toute occasion

---

(1) Cette liaison semble mauvaise, on croirait entendre *ils partent* au pluriel.

pour finales des consonnes qui ne se prononcent pas toujours, même lorsque ces mots sont suivis d'autres mots commençant par des voix, on voit des mots qui, suivant notre orthographe,

sont terminés par les lettres		se servir pour liaison de la prononciation réelle des consonnes	
	C ou G P R S ou X D ou T		K. P. R. Z. T.

Les liaisons *i* et *z* sont très-fréquentes dans la langue française.

4ᵉ CLASSE.

Mots terminés par des consonnes, suivis de mots commençant par des consonnes.

Il serait fort inutile de donner ici des exemples de cette 4ᵉ classe de mots ; elle ne présente aucune difficulté : les consonnes s'écrivent toujours, si elles se prononcent ; mais il ne faut point prendre la lettre *h* de l'écriture d'usage pour une consonne.

Comme nous l'avons déja dit, les variantes de prononciation qui ont pour cause les changements de valeur des mots sont plus particulièrement du ressort de la grammaire. Un mot au masculin n'est souvent plus le même au féminin ; les mots au pluriel diffèrent souvent aussi des mots au singulier, surtout dans leur liaison. Nous conseillons à ceux qui voudraient connaître la bonne prononciation de notre langue de

consulter pour cela l'excellent ouvrage de M. Dubroca, duquel nous avons tiré en partie les exemples
ci-dessus. Nous remarquerons, en passant, que le *s*,
qui est souvent la marque du pluriel, se prononce *z*
lorsqu'il se lie à d'autres mots ; on doit alors écrire
cette dernière consonne, mais dans les cas seulement
où elle se prononce : nous remarquerons aussi qu'on
a donné trop d'extension aux liaisons, et surtout à
celles des mots pluriels, car il s'en trouve de ridi-
cules, comme dans ces exemples : *funéraille z-im-
pies, les hérault z-étaient en tête, un fraca z-é-
pouvantable, des tyran z-exécrables, des vieillard
z-insultés, les autel z-outragés, des désert z-im-
menses, l'univer z-est plein de sa grandeur;* nous
répéterons ce que dit M. Dubroca, en parlant de la
prononciation : « Il me semble que dans la langue
« française il faut consulter les rapports qui existent
« entre les mots et les idées qu'ils expriment. » Nous
pouvons conclure de cette observation que, dans une
infinité de circonstances, on aurait tort de prononcer tous les *s* qui se prononcent *z* et qui marquent
le pluriel suivant l'orthographe d'usage ; parce qu'un
discours ne serait ni plus ni moins intelligible, lors
même qu'on aurait prononcé un grand nombre de
mots au pluriel comme on les aurait prononcés au
singulier, leur valeur n'en serait point changée. On
aurait tort encore de s'imaginer que les liaisons des
mots pluriels soient aussi nécessaires que les différentes terminaisons des mots sont nécessaires dans la

langue latine ; les divers nombres, genres et cas de cette langue commandent des prononciations différentes, parce que les mots, en changeant de terminaison, changent aussi de valeur : mais, en français, ces diverses valeurs dans le même mot sont marquées, non par la terminaison des mots, mais avec beaucoup plus d'exactitude encore, soit par divers articles ou prépositions, soit par la place des mots. Le génie de la langue française ne tient pas toujours rigoureusement à la désinence ; il ne s'en sert pas dans tous les cas pour indiquer le singulier ou le pluriel, le masculin ou le féminin ; et si l'usage a consacré des terminaisons différentes pour les deux genres, on peut dire qu'il n'a fait, vraisemblablement, que se prêter au caprice des premiers poëtes qui ont voulu des rimes féminines, et ont, par là, été cause de l'augmentation des désinences de ce genre dont on pourrait presque toujours se passer, surtout pour les participes : témoin une infinité de phrases, où nos meilleurs poètes ont péché contre des règles le plus souvent puériles, et où ils ont franchi sciemment ces règles sans nuire en rien à la clarté du discours (1).

---

(1) Il en est de même des nombres ; ce qui a fait dire à Domergue que les poètes sont un peu brouillés avec eux (les nombres).

ESSAI SUR LA PROSODIE.

Dans les deux Traités de prosodie française que nous connaissons, le premier de d'Olivet et le second de Dubroca, on ne trouve que deux caractères appropriés à ce genre d'écrire : l'un qui marque les voix brèves, et l'autre qui marque les voix longues. Ainsi, des trois qualités que nous avons reconnues dans le son, une seule, la durée, se trouve caractérisée dans ces Traités de prosodie et encore n'est-ce que d'une manière insuffisante.

Il serait inutile de répéter ici ce que nous avons dit des diverses modifications du son que nous avons désignées sous les noms de formes, d'expirations et de durée. Nous avons avancé qu'il serait facile et avantageux de noter cinq gradations dans chacune de ces trois espèces de modifications. On en jugera par la manière dont nous allons les représenter.

FORMES	
très-riante. .b.	
riante. . . . .p.	
grave. . . . . .g.	
très-grave. . .k.	

DURÉE	
très-brève . . l.	
brève. . . . . .r.	
longue . . . . . i.	
très-longue. . ou.	

EXPIRA-TIONS	
très-faible. . é.	
faible . . . . . .ĕ.	
forte . . . . . .è.	
très-forte . . .à.	

La méthode, pour se servir de ces caractères, est très-simple : il ne s'agit que de les écrire comme on écrirait une syllabe directe composée de trois lettres au plus, en assignant une place fixe à chaque espèce. Ainsi, les caractères qui représentent les formes s'écriront les premiers ; viendront ensuite ceux qui représentent les durées, et enfin les syllabes seront terminées par les caractères qui représentent les diverses expirations combinées : ainsi ces caractères formeront 124 syllabes toutes différentes qui auront la même valeur pour la prononciation, dans la nouvelle écriture, que les syllabes suivantes :

blé blĕ blè blà bré brĕ brè brà bié biĕ biè bià boué bouĕ bouè bouà.
plé plĕ plè plà pré prĕ prè prà pié piĕ piè pià poué pouĕ pouè pouà.
glé glĕ glè glà gré grĕ grè grà guié guiĕ guiè guià goué gouĕ gouè gouà.
clé clĕ clè clà cré crĕ crè crà kié kiĕ kiè kià koué couĕ couè couà.

Pour noter la moyenne		
FORME.	lé lĕ lè là ré rĕ rè rà ié iĕ iè ià oué ouĕ ouè o
DURÉE.	bé bĕ bè bà pé pĕ pè pà gué guĕ guè gà ké kĕ kè k
EXPIRATION.	bl br bi bou pl pr pi pou gl gr gui gou cl cr ki c

Pour noter tout ensemble les moyennes de		
la durée et de l'expiration	b p g k.
la forme et de l'expiration	l r i ou.
la forme et la de durée.	é ĕ è à.

Ainsi, par l'absence d'un des quatre caractères représentant les formes, la forme moyenne se trouvera notée ; il en sera de même de la durée et de l'expiration ; et si un son n'est point noté, il faudra le prononcer tout ensemble sur la forme, la durée et l'expiration moyenne.

De cette manière on peut indiquer 125 modifications différentes pour la même voix, au moyen de caractères qui, quoique composés, seront encore le plus souvent aussi simples que la plupart de nos lettres (voyez la planche 3ᵉ). Ces diverses syllabes, qu'on peut appeler accents prosodiques, formeront chacune un mot facile à prononcer et dont la valeur ne sera point équivoque, car on aura l'avantage, en prononçant un de ces mots, de rappeler promptement à la mémoire la valeur fixe de ce mot, surtout lorsque ces caractères seraient devenus familiers par l'habitude qu'on en aurait prise : celui qui sait lire ne voit point de lettres dans les mots; il voit un mot comme d'autres voient un caractère. Qu'on se rappelle combien les musiciens lisent promptement leurs notes et leurs clefs, combien les sténographes lisent facilement leurs grimoires d'abréviations, et l'on se persuadera facilement que si l'on venait à se servir des accents prosodiques que nous proposons, on prononcerait couramment les diverses modifications des voix, en lisant comme un musicien lit ses notes, et qu'alors les prononciations gasconnes, normandes, parisiennes, africaines, chinoises, etc., se liraient comme la musique, aussi bien au Canada qu'à Paris.

On nous fera peut-être une objection sur l'emploi et la place des accents prosodiques : dans votre écriture, dira-t-on, une syllabe ne forme qu'un caractère, et cependant il est des syllabes qui ont deux, ou même jusqu'à trois voix ; si l'on vient à écrire un accent au-dessus d'une de ces syllabes, à laquelle de ces deux ou trois voix faudra-t-il attribuer cet accent ? Voici ce que nous répondrons : Quoique l'on prononce plusieurs voix dans certaines syllabes, il ne s'en trouve jamais qu'une qui doive recevoir l'accent prosodique, et c'est celle dont l'expiration est la plus forte ; ainsi les schévas et la diphthongue schévée *ie*, par exemple, du mot *soleil*, ne sont point dans ce mot les voix qui puissent recevoir l'accent prosodique. L'*e* muet ne saurait, par la même raison, le recevoir, à moins qu'il ne se trouve être la seule voix prononcée dans la syllabe, car toute autre voix qui l'accompagnerait, nécessitant une expiration plus forte que l'*e* muet, ôterait, par là même, à ce dernier le privilége de recevoir l'accent prosodique ; et lorsqu'il se trouvera une diphthongue ou une triphthongue dans une syllabe, ce sera toujours à *la* voix postpositive que s'appliquera cet accent, hors le cas où cette postpositive serait un *e* muet ; dans ce cas seulement, ce sera la voix qui précède cet *e* muet qui recevra naturellement l'accent prosodique : ces règles nous paraissent sûres, et nous ne voyons aucune difficulté à écrire les syllabes, quelque composées qu'elles puissent être, selon la manière indiquée, en un seul caractère, et à placer, au-dessus de ces syllabes, les caractères ou accents prosodiques qui peu-

vent convenir pour en marquer la prosodie ; puisque
l'on peut facilement reconnaître la voix à laquelle
s'applique cet accent prosodique.

. On trouvera à la planche 3ᵉ le morceau de
dialogue suivant, extrait du *Joueur* de Régnard
(acte. IV, scène xII), prosodié avec nos accents prosodiques :

HECTOR.

Si vous vouliez, monsieur, chanter un petit air ?
Votre maître à chanter est ici. La musique
Peut-être calmerait cette humeur frénétique.

VALÈRE.

Que je chante !

HECTOR.

    Monsieur !

VALÈRE.

        Que je chante, bourreau !
Je veux me poignarder. La vie est un fardeau
Qui pour moi désormais devient insupportable.

Il serait bon maintenant d'examiner si les consonnes n'auraient pas besoin d'accents.

Nous avons remarqué que chaque forme consonne
tend à se rapprocher des autres formes, soit de consonnes, soit de voix avec lesquelles elle est plus particulièrement liée dans la même syllabe ; nous avons
également remarqué que la force du contact ou de la
vibration varie aussi par les mêmes causes (page
159), sans pour cela qu'il soit nécessaire d'adopter
des caractères particuliers, ou même des accents
pour représenter fidèlement ces légères modifications
dans les formes consonnes ; puisqu'elles se trouvent

notées naturellement par les voix ou consonnes qui suivent ou précèdent dans la même syllabe; mais il peut encore exister d'autres causes qui amènent des changements dans les formes consonnes, telles que les habitudes nationales, les prononciations particulières de certains mots, les diverses intonations oratoires. Volney (dans son Alphabet européen appliqué aux langues asiatiques) semble nous fournir plusieurs preuves qu'une consonne peut avoir, dans le même son, des variantes dans les formes, et avoir aussi divers degrés dans la force du contact ou de la vibration; d'où nous inférons qu'on pourrait imaginer d'autres accents pour noter les variantes de ces consonnes et assigner à ces accents une place particulière dans l'écriture.

Voici les principes qu'on devrait, ce nous semble, admettre pour ces accents. Trois caractères des plus simples pourraient représenter la place du contact ou de la vibration des consonnes, suivant qu'elle a lieu plus près des lèvres, plus au milieu de la bouche, ou plus près du gosier. Ces trois caractères pourraient se lier à trois autres, qui, venant après, indiqueraient, l'un, le contact fort ou ferme; un autre, le contact moyen, et le troisième, le contact faible de la consonne (1).

---

(1) On pourrait négliger le caractère moyen, soit pour la force du contact, soit pour sa place. De cette manière, deux caractères

Lorsqu'on prosodierait tout ensemble les voix et les consonnes, on pourrait peut-être trouver embarrassant d'écrire les syllabes composées en un seul caractère. Pour obvier à cet inconvénient, on pourrait alors séparer chaque son dans l'écriture, comme on sépare les syllabes dans les principes de lecture, en ayant soin de séparer les syllabes par un plus grand espace, et les mots par un plus grand encore. De cette manière, on trouverait toute la latitude nécessaire pour noter, par les accents prosodiques, tant les voix que les consonnes.

Il serait encore avantageux d'indiquer un grand nombre de pauses différentes, et nous pensons qu'on pourrait pour cela établir, comme nous avons fait pour les accents, une certaine combinaison de deux ou trois caractères, formant syllabes, qu'on pourrait placer entre les mots : on obtiendrait ainsi une ponctuation bien plus complète que celle qui est en usage.

Quant aux lettres capitales, elles pourraient être indiquées par un signe particulier, par exemple l'ancien caractère *o* dont on pourrait se servir à cet usage, et le placer à la ligne supérieure d'écriture et avant la lettre.

On pourrait encore, par la suite, perfectionner la prosodie et y ajouter des clefs, pour augmenter ou

---

seraient suffisants pour les consonnes. On pourrait aussi, sans inconvénient, négliger les caractères représentant les moyennes des accents pour les voix.

diminuer la valeur des accents prosodiques, comme l'on fait en musique. Par ce moyen, on parviendrait à noter les accents nationaux, comme aussi les diverses intonations oratoires dont parle Dubroca.

Dans le morceau de dialogue que nous avons prosodié à notre manière, nous nous sommes servi seulement des accents pour les voix; mais ce n'est là qu'un faible essai par lequel nous avons voulu seulement indiquer le parti qu'on pourrait tirer de ces accents, et donner du moins quelque idée d'un art plus important qu'on ne se l'imagine; car la prosodie, imparfaite jusqu'à ce jour, n'a porté encore aucun fruit. Perfectionnée et mise à même de caractériser seulement les diverses modifications des voix, elle deviendrait l'auxiliaire et le complément de l'écriture, et servirait à peindre la parole avec assez de fidélité, pour qu'on pût écrire les variantes de prononciations de toutes les langues, de tous les peuples, et de toutes les provinces. Ceux qui connaîtraient cette prosodie auraient une incroyable facilité d'apprendre les langues étrangères, comme aussi de les enseigner aux autres. Ils liraient également bien les langues même qu'ils ne comprendraient point, comme on lit la musique à l'aide des mêmes notes, dans des pays de langage différent. L'art oratoire et l'art théâtral pourraient aussi en retirer des avantages immenses, et nous osons espérer qu'un jour cet art nouveau, cet art à naître, fera des progrès étonnants entre les mains de nos meilleurs orateurs, et surtout de nos meilleurs artistes dramatiques. Pour nous, notre tâche est remplie : nous indiquons des moyens que nous croyons aussi praticables qu'avantageux, et nous souhaitons que des esprits plus cultivés les érigent en principes, ou les renversent pour en établir mathématiquement de meilleurs, afin d'arriver plus heureusement au but que nous apercevons.

TROISIÈME PARTIE.

Aperçu sur les avantages qu'on pourrait présentement retirer
de l'Alphabet perfectionné.

Perfectionner l'alphabet serait une entreprise bien digne du 19e siècle et du règne d'un roi populaire et national. La réforme des poids et mesures s'est opérée dans les temps les plus affreux de la révolution. Le système métrique, après avoir lutté contre les plus grands obstacles, est reconnu aujourd'hui comme très-avantageux : et quand bien même il ne servirait que de point de comparaison pour toutes les mesures usitées chez les divers peuples, il rendrait encore de grands services. Malheureusement il n'en sera point de même d'une écriture exacte; quoiqu'il soit très-facile de la substituer à l'ancienne écriture dans l'enseignement, ou tout au moins de la faire marcher de front avec elle, quoiqu'elle présente encore plus d'avantages dans ses résultats que le système métrique, nous n'avons pas la présomption de croire qu'elle puisse un jour renverser l'écriture d'usage : les obscurantins et les esprits routiniers forment une masse trop inerte, trop puissante pour ne pas triompher du bien que l'on voudrait faire. Les écrivains et les imprimeurs peuvent se rassurer; les uns n'auront

pas besoin d'apprendre de nouveau à lire et à écrire,
et les autres ne seront pas obligés de refondre leurs
caractères. Mais si le succès que nous désirons est en
quelque sorte impossible, qu'il nous soit permis au
moins d'espérer qu'une nouvelle écriture perfectionnée
pourra, comme la sténographie (mais dans un but
différent), marcher à côté de l'écriture d'usage, et
servir efficacement, 1° à rendre les principes de lecture avec les caractères et l'orthographe usités bien
plus accessibles à l'enfance; 2° à noter dans un dictionnaire la vraie prononciation des mots beaucoup
plus exactement qu'on ne l'a fait jusqu'ici; et enfin
3° nous être d'un merveilleux secours pour la composition d'un alphabet universel, et nous rendre, par
là, bien plus facile l'étude de toutes les langues, tant
mortes que vivantes.

Nous n'entrerons point ici dans une digression ap-
profondie pour prouver les trois genres d'utilité qu'on
pourrait retirer le plus promptement de l'écriture que
nous proposons. Nous allons seulement tracer un
aperçu rapide, sur les meilleurs moyens d'en tirer
parti, en commençant par les principes de lecture
qui, à eux seuls, pourraient faire le sujet d'un ouvrage important.

De l'Alphabet perfectionné appliqué aux principes de lecture,
suivant les caractères et l'orthographe d'usage.

M. Lemare cite beaucoup d'écrivains qui se sont
occupés à rendre plus faciles les principes de lecture;

il trouve toutes leurs méthodes fautives, parce qu'il s'agit, dans toutes, d'abord de connaître les lettres, de passer ensuite aux syllabes, aux mots, et des mots aux phrases ; il voudrait, au contraire, que l'enfant apprît avant tout à connaître les phrases, et qu'il les analysât ensuite pour y trouver des mots, des syllabes, et enfin des lettres. Tout ce que M. Lemare avance en faveur d'un système aussi singulier ne nous persuade point. Il nous semble que c'est comme si l'on voulait enseigner les mathématiques en commençant par exiger de l'élève l'intelligence d'une phrase algébrique, tant simple fût-elle, avant de lui avoir appris à connaître la valeur des chiffres arabes et des signes employés dans l'algèbre.

La marche naturelle, dans toute espèce d'enseignement, est de commencer par faire connaître les choses les plus simples, les plus régulières, les plus faciles à saisir, et de passer ensuite aux choses composées, irrégulières, abstraites ; mais il n'en est pas ainsi de l'art de la lecture, tel qu'on l'enseigne. La meilleure méthode que l'on puisse citer est encore celle de M. Delaunay, qui date de près d'un siècle : car l'enseignement mutuel est un perfectionnement d'une autre espèce : son but est de faire naître l'attention et l'émulation parmi les élèves ; mais, quant à ce qu'on peut vraiment appeler principes, il n'y a eu jusqu'à présent rien de changé.

Nous allons esquisser sommairement la méthode que nous croyons devoir être la plus avantageuse.

Dans la première leçon on apprendrait à connaître les voix simples de l'écriture d'usage, *a*, *é*, *è*, *e*, *i*, *o*, *u*, ainsi que les consonnes suivantes, *b*, *p*, *m*, *n*, *v*, *f*, *d*, *t*, *j*, *g*, *c*, *l*, *r*, *s*, *z*. Chaque lettre serait soulignée du nouveau caractère correspondant et invariable de la nouvelle écriture ; nous disons soulignée, afin que le maître pût le cacher momentanément à l'élève, au moyen de la guide dont on se sert ordinairement pour les commençants : on n'accorderait aux quatre consonnes *t*, *g*, *c* et *s*, que leur prononciation dure, comme dans les mots *ton*, *gâteau*, *cabinet*, *sabot*. On apprendrait à l'élève à prononcer les consonnes, d'abord suivies de l'*e* muet, et ensuite toutes seules ; comme si elles étaient suivies de l'*e* muet, c'est-à-dire, suivant le méthode de Delaunay, en ne souffrant jamais que l'élève se servît de l'ancienne appellation, et qu'il prononçât, par exemple, *ème*, *ène*, *èle*, etc.

A la 2ᵉ leçon : premier syllabaire, composé seulement des syllabes directes formées avec les voix et les consonnes déja connues, qu'il serait bon de souligner avec les nouveaux caractères. Il faudrait aussi conserver à chaque voyelle et à chaque consonne sa véritable prononciation.

A la 3ᵉ leçon : syllabes inverses composées seulement des voix *a*, *è*, *i*, *o*, *u*, avec les consonnes *b*, *p*, *f*, *d*, *t*, *g*, *l*, *r*, syllabes directes composées avec les doubles consonnes les plus usitées, telles que *bl*, *pl*, *fl*, *gl*, *cl*, *br*, *pr*, *fr*, *dr*, *tr*, *gr*, *cr*, etc. Terminer par un syllabaire comprenant les syllabes de la 2ᵉ et 3ᵉ leçon, auquel on joindrait quelques syllabes closes des plus simples, telles que *bar, ber, mer, ver, cor*, etc., etc.

La 4ᵉ leçon pourrait être composée de mots pour lesquels on n'admettrait que les syllabes bien connues des leçons précédentes : il faudrait séparer d'abord les syllabes, les faire prononcer sans épeler, ce qui ne présente aucune difficulté, si on a bien appris à l'élève à prononcer les consonnes, suivant la méthode de Delaunay ; ensuite on pourrait joindre les syllabes de chaque mot, et ne plus les souligner avec les nouveaux caractères. Par ce moyen, l'élève parviendrait bientôt à lire les mots réguliers desquels on pourrait faire quelques compositions pour l'intéresser, et on aurait soin de ne pas le faire passer outre avant qu'il sût lire avec une certaine facilité. De cette manière, l'enfant serait encouragé, parce qu'en peu de temps et sans beaucoup de peine, il serait parvenu à lire beaucoup de mots ; il en comprendrait mieux le but de la lecture, et y trouverait même quelque plaisir.

Dans la cinquième leçon, on apprendrait à connaître les voix *ou, eu, y* grec, identique de *i* ; les nasales *an, in, on, un*, la consonne *ch*, comme dans *charité* ; les deux caractères *ph*, toujours identiques de *f* ; la consonne *k*, la consonne *q*, toujours suivies inutilement de *u* ; ces deux dernières consonnes invariables dans leur prononciation, et identiques de *c* dur; les deux caractères *c*, *g*, changeant leurs prononciations en *s*, *j*, lorsque ces consonnes *c* et *g* sont immédiatement suivies de *i*, *é*, *è*, *e*; le caractère *g*, toujours suivi de *u*, lorsqu'il conserve sa prononciation propre et dure devant les voix *i*, *é*, *è*, *e*, *gui*, *guè*, *guè*, *gue*, où l'*u* ne se prononce point. On terminerait cette leçon par un syllabaire plus complet, dans lequel on verrait figurer les nouvelles voix et consonnes de cette leçon, avec leurs diverses valeurs, et où on ferait remarquer l'identité des nasales avec *am*, *im*, *om*, *um*, avant le *b* et le *p*.

A la 6ᵉ leçon: diphthongues et triphthongues soulignées avec les nouveaux caractères suivis d'un syllabaire plus complet encore, où on verrait figurer, avec les diphthongues et triphthongues, les doubles triples consonnes, et où on apprendrait à connaître l'usage du tréma.

A la 7ᵉ leçon: mots et discours composés de toutes les diverses espèces de syllabes, séparer d'abord les syllabes, les réunir ensuite, faire remarquer les changements de prononciation de *s* en *z* entre deux voix, de *t* en *s*, de *c* en *g*, de *ch* en *k* dans certains mots; la valeur du caractère, et les valeurs diverses du caractère inutile *x*.

Il resterait encore, pour bien lire, beaucoup de choses à apprendre. Dans les leçons suivantes, il serait bon de familiariser les enfants avec les genres et les nombres des noms; de leur faire lire les temps simples de la plupart des verbes, de leur apprendre à lier les mots entre eux, lorsque cela convient; de leur faire connaître toute l'irrégularité de notre orthographe, soit relativement à ce qu'on nomme sons mouillés, soit dans la manière de représenter les diverses voix ou diphthongues, détail où jusqu'alors on aurait évité d'entrer. Ainsi l'on montrerait à l'élève que souvent, même les sons simples, sont représentés inutilement dans l'écriture d'usage par plusieurs caractères; ainsi :

a   est représenté par *am*, *ea*, *em*, *an*, *ai*, *ua*, etc.; comme dans : *damnation*, *mangea*, *femme*, *anneau*, *douairière*, *voguames*, etc.

é   par *ez*, *er*, *ai*, *eai*, *és*, *ée*, *a*, *ué*, *ay*, etc.

è ouvert   par *ai*, *eai*, *ei*, *ey*, *aie*, *ay*, *oi*, *ois*, etc.

e fermé   par *et*, *oi*, *ois*, *oit*, *oient*, *eois*, *eoit*, *eoient*, *ai*, *aid*, *ait*, etc.

i   par *y*, *ui*, *in*, *ie*, *it*.

o ouvert   par *au*, *aux*, *eau*, *eaux*, *aulx*, *ao*, *éo*, etc., etc.

o fermé   par *om*, *hom*, *on*, *uo*, etc., etc.

u   par *us*, *ut*, *eu*, *eus*, *eut*.

eu   par *eux*, *eut*, *ueu*, *ueux*, *au*, *œux*, *œufs*, etc.

ou   par *ous*, *out*, *oux*, *oult*, *oup*, *oups*, etc., etc.

an   par *ans*, *amps*, *en*, *em*, *ent*, *end*, *eant*, *aen*, *ang*, *nent*, *nand*, *aon*. (On compte près de 40 différentes manières d'écrire cette voix.)

on   par *eons*, *ont*, *omb*, *ond*, *ompt*, *hon*, etc.

in   par *im*, *ain*, *ein*, *en*, *ent*, *ym*, *eing*, *aint*, *eint*, etc.

un   par *uns*, *um*, *eun*, *unt*, *hum*, etc., etc.

Il serait bon de faire la recherche de toutes les diverses manières par lesquelles on représente soit un son simple , soit un son composé, suivant le caprice de l'usage ; il serait encore utile d'examiner comment ce caprice varie suivant que le son se trouve au commencement, au milieu, ou à la fin des mots : il serait nécessaire aussi d'avoir un petit dictionnaire de prononciation qui, au moyen des nouveaux caractères, mettrait l'élève à même de chercher la vraie prononciation des mots, lorsqu'on le ferait lire dans les livres ordinaires. De cette manière, il classerait facilement dans sa mémoire les mots les plus irréguliers.

On voit facilement que, par cette méthode, ce ne serait qu'après s'être rendu capable de lire les mots et même les phrases, que l'élève apprendrait à connaître entièrement l'alphabet d'usage qu'on pourrait alors rétablir dans l'ordre accoutumé. Il aurait, par ce procédé, passé des choses régulières et simples, aux choses composées et irrégulières sans s'en apercevoir : on abrégerait ainsi la plus longue et la plus pénible étude de l'enfance ; on corrigerait les esprits faux au lieu d'en former, comme on fait par les méthodes usuelles ; car on exercerait le jugement de l'enfance, en lui faisant remarquer à chaque pas la bizarrerie de l'ancien Alphabet et la régularité du nouveau.

Du service qu'on pourrait retirer du nouvel Alphabet pour noter fidèlement la prononciation dans les dictionnaires.

Plusieurs auteurs ont senti la nécessité de noter la vraie prononciation des mots dans les dictionnaires, mais il paraît qu'ils ne se sont pas aperçus de l'impossibilité de bien noter cette prononciation avec les lettres en usage. Nous ne connaissons que M. Lemare qui se soit avisé, à l'exemple des Anglais, de substituer des chiffres aux lettres, afin de mieux représenter ce qu'il appelle les divers sons phoniques. Mais certainement ce n'est point encore là un moyen dont l'utilité soit comparable à celle de caractères simples, qui n'auraient pas d'autre valeur que celles des divers sons de la voix ; tels que ceux que nous avons admis pour notre écriture. L'utilité d'un dictionnaire où la prononciation serait indiquée d'une manière non équivoque, ne tarderait point sans doute à être appréciée, et l'imprimeur qui fondrait exprès des caractères convenables, serait à coup sûr récompensé de ses peines.

On dira peut-être que ces caractères sont trop compliqués, trop nombreux ; et l'on aurait raison de le dire s'il s'agissait d'avoir un caractère pour chaque syllabe ; mais ne pourrait-on pas, par exemple, avoir deux caractères pour les syllabes closes, l'un qui représenterait le son ou même une syllabe directe quelconque, et qui occuperait les deux corps supérieurs de l'écriture, et l'autre pour les consonnes finales, qui occuperait le corps inférieur ? Un habile typographe trouverait bientôt le meilleur moyen de figurer ces caractères : fallût-il même, au besoin, faire quelques légers changements, peu importe, pourvu que les principes ne fussent point changés ; les imprimeurs font bien usage de caractères différents de ceux que l'on emploie dans l'écriture ordinaire.

Il faudrait qu'on indiquât dans ce dictionnaire les variantes de prononciation amenées par les genres et les nombres, l'hiatus qu'on nomme improprement aspiration, et les diverses liaisons des mots, comme tout cela se trouve indiqué, planche 3ᵉ, pour les exemples suivants :

> Pour les genres, *méchant — te* (féminin).
> Pour les nombres, *cheval, chevaux* (pluriel).
> Sans aspiration, *espace, amitié.*
> Avec aspiration, *héros, Henriade,* (l'aspiration indiquée au moyen d'une virgule en avant et au dessus de la voix).
> Liaisons, *cinq–k, trop–p, léger–r, saint–t, mes–z.*

Au dictionnaire où l'on aurait ainsi noté la vraie prononciation, en suivant, comme de coutume, l'ordre alphabétique des caractères en usage, il faudrait encore joindre un nouveau dictionnaire dans lequel on prendrait pour point de départ, à chaque mot, les nouveaux caractères ou la prononciation réelle de ces mots suivis de leurs équivalents, d'après les caractères et l'orthographe d'usage.

Il serait encore bon de placer, à la suite de ces dictionnaires, un traité de lexigraphie absolue et relative, d'après de bons principes, où les diverses conjugaisons des verbes seraient bien développées : on aurait ainsi un cours d'orthographe aussi complet qu'on pourrait le désirer.

Il serait très-important de noter encore, outre la

14.

vraie prononciation des mots, les variantes de prononciation usitées dans les provinces, afin de pouvoir mieux les corriger. Mais la condition principale,
d'où dépendrait la bonne exécution de ce travail, serait que l'auteur fût juge compétent pour prononcer
sur la meilleure prononciation : il faudrait pour cela
qu'il ne fût ni Provençal, ni Languedocien, ni Gas-
con, ni Breton, ni Normand, ni même Parisien, car
les habitants de la capitale, aussi bien que ceux de
la province, ont des prononciations vicieuses ; et,
néanmoins, les uns et les autres croient avoir raison
en fait de prononciation : il faudrait que l'Académie
déterminât la meilleure manière de prononcer tous
les mots de notre langue pris isolément ou liés à
d'autres mots ; ce qu'il serait très-facile de faire avec
notre nouvel Alphabet et les accents prosodiques dont
nous avons parlé, et ce qu'il est impossible d'exécuter avec les caractères usités jusqu'à ce jour.

De la nouvelle Écriture, pour servir à la composition d'un
Alphabet universel.

Un Alphabet, pour être universel, doit avoir des
caractères suffisants pour pouvoir représenter fidèlement tous les sons de la voix humaine propres aux
divers peuples de la terre ; ce n'est donc qu'autant
qu'on aurait la connaissance de tous ces sons, qu'on
pourrait construire un Alphabet vraiment universel.

Voici les moyens qui nous paraissent les plus sûrs
pour atteindre ce but important.

Après avoir fait l'application à notre langue de la nouvelle écriture, ainsi que de la prosodie que nous proposons, et s'être rendu l'une et l'autre familières, il faudrait faire une ample provision de tous les sons étrangers, en commençant d'abord par ceux des patois de nos départements, comme étant plus à notre portée : nous en trouverions vraisemblablement parmi ces derniers qui pourraient aussi se rencontrer dans quelques langues étrangères ; ce qui nous fournirait des applications faciles : il faudrait ensuite étudier les sons des diverses langues et dialectes de l'Europe, et lorsqu'on serait muni d'un Alphabet européen vraiment complet, des jeunes gens, destinés aux voyages lointains, tels que des missionnaires, des marchands, ou mieux encore des savants qui auraient déja acquis par l'exercice une grande facilité pour les prononciations diverses, pourraient successivement noter les divers éléments des sons étrangers à l'Europe, après avoir appris à les prononcer sur les lieux même où ils sont usités ; et il nous semble qu'il serait assez facile de parvenir à ce résultat ; car la conformité des organes de la voix chez toute l'espèce humaine nous porte à croire que les sons étrangers à la langue française sont en bien petit nombre ; et ce qui peut confirmer dans cette opinion, ce sont les recherches faites sur ce sujet par un savant voyageur français, qui a habité l'Asie, l'Afrique et l'Amérique ; par Volney, qui, dans son Alphabet européen appliqué aux langues asiatiques, ne montre en aucune manière avoir connu des voix différentes de celles en usage dans la langue française ; et quant aux consonnes, s'il en trouve trente-deux usitées en Europe, nous croyons qu'il en a admis plusieurs qui ne sont que de légères variétés dans la même espèce, provenant des voix ou autres consonnes qui les accompagnent dans la même syllabe, et dont elles prennent en passant une espèce de teinte, comme nous l'avons remarqué.

Nous allons essayer maintenant d'examiner le petit nombre d'éléments de sons que nous croyons être étrangers à la langue française, en commençant par les voix.

Nous avons dit, en parlant de l'*é* aigu de *santé*, ainsi que des nasales, que ce n'était qu'en criant ou chantant qu'on pouvait les prononcer d'une manière ouverte, et par conséquent leur faire prendre différents degrés de durée. Néanmoins, en Normandie, on entend prononcer souvent ces voix d'une manière ouverte et longue dans la pénultième syllabe d'un mot, surtout si ce mot finit la phrase, comme dans : *le bel âge que celui de l'enfance : an* est ici prononcé ouvert et long, on peut dire chanté ; l'expiration faible d'abord, forte au milieu, et s'affaiblissant ensuite pour se disposer à prononcer *ce*. Dans ce pays, on prononce souvent de la même manière les autres nasales, ainsi que l'*é* aigu ; et, quoique cette espèce de prononciation ne soit point dépourvue de grace, nous ne croyons point qu'elle soit reçue par l'Académie : ainsi, nous classerons ces voix

pàrmi les prononciations étrangères à la langue française.

Dans les patois du midi de la France, il existe des
voix tout-à-fait étrangères à toutes celles de notre
langue, car les accents prosodiques ne suffiraient point
pour les représenter fidèlement dans l'écriture.

Dans beaucoup de patois du département de la
Loire, on entend prononcer trois nasales bien différentes de nos nasales françaises; la première se trouve
dans le mot *bon*, la seconde dans le mot *vin*, et la
troisième dans le mot *un*, lorsque ce dernier mot
forme un sens final, comme dans ces exemples : *de
boun vin* (du bon vin), *bailli me n'on uun* (1)
(donne-m'en un). Ces trois nasales ne peuvent point
être représentées exactement par les caractères d'u-
sage, ni même par les caractères et accents que nous
proposons pour notre nouvelle écriture; ce sont réellement des voix différentes de toutes les autres, qui
nécessitent des caractères particuliers. Ces nasales
sont sourdes ; l'expiration en est très-gênée; on pourrait dire que ce sont plutôt les voix *ou* pour *boun*,
i pour *vin*, et *u* pour *uun*, dont l'expiration est obligée de passer par le nez, parce qu'en les prononçant
on ferme presque la bouche pour *oun*, et que pour
in et *uun*, on applique la langue au palais comme
dans le contact *n*, sans l'en détacher ensuite; car si

----

(1) *N'on*, dans ce dernier exemple, se prononce comme *non* en
français.

on détachait la langue pendant qu'il resterait encore de l'air à expirer, on prononcerait *ine* et *une;* d'où il résulte que ces nasales ressemblent, pour ainsi dire, à un grognement, et sont désagréables à l'ouïe. Il faut les avoir entendu prononcer pour s'en faire une juste idée. Les quatre nasales françaises appartiennent aussi à ces patois, mais leur usage est moins fréquent.

On trouve encore, dans le même département, surtout à Saint-Étienne, une autre voix pour laquelle il faudrait aussi un caractère particulier; c'est celle qu'on prononce dans cette locution *ó vó fiólà* (il veut siffler). Pour prononcer cette espèce d'*o*, qui est toujours une voix fermée, il faut resserrer les lèvres, laisser peu de passage à l'air, et donner un coup de mâchoire comme pour l'arrêter ; une grande partie de l'expiration semble alors renvoyée au fond du gosier; ce qui rend cette voix sourde et ordinairement grave. On approche de la prononciation de cette voix si l'on veut prononcer d'un seul coup *o* et *ou ;* cependant ce n'est point une diphthongue formée de ces deux voix, c'est plutôt un son ressemblant à l'aboiement d'un dogue. Indépendamment de cet *o*, on trouve aussi dans les patois de ces pays les deux *o*, et toutes les autres voix françaises.

Ainsi, les voix de nos patois, étrangères à la langue française, se réduisent à trois nasales et une espèce d'*o* fermé : chacune de ces voix est susceptible de prendre les diverses formes graves et riantes, ainsi que des expirations faibles et fortes; mais, quant à la durée, elles suivent les lois des voix fermées dont elles font partie, c'est-à-dire qu'elles ne sont point, ou du moins qu'elles sont très-peu susceptibles de variations à cet égard.

Nous ne devons point passer sous silence certaines diphthongues également en usage dans quelques contrées du midi de la France : il en est une qui se forme de l'*á* comme prépositive, et de l'espèce d'*ó*, dont nous venons de parler : cette diphthongue est si bien liée qu'on croirait que c'est une voix simple, et il faut y faire bien attention pour y distinguer l'*á* prépositive. Elle se lie encore mieux que notre diphthongue française *oa* (dans *roi*, *boit*). Pour cette dernière l'expiration se termine sur une voix dont la forme est plus ouverte : ce qui contribue à rendre les sons plus agréables et plus sonores; tandis que, pour la diphthongue méridionale *ao*, on part au contraire d'une voix assez ouverte pour terminer par un coup de mâchoire sur une forme resserrée, ce qui lui donne encore une teinte d'aboiement : cette diphthongue se trouve dans une infinité de mots chez les montagnards des départements de la Loire et de la Haute-Loire, par exemple, dans *belliaó bé* (peut-être bien), ainsi que dans le mot *prouvançaó* (provençal), prononcé par la plupart des Languedociens et des Provençaux. Quelques pays changent la diphthongue *ao* en celle *aou*. Les mêmes provinces ont encore deux diphthongues qui nous manquent, mais qui peuvent se représenter fidèlement par les caractères que nous avons adoptés pour le français. Ce sont *ei* et *ai*, que l'on peut regarder comme un reste de prononciation de la langue de nos pères, puisque ces diphthongues sont restées écrites dans l'orthographe d'usage, et surtout dans les mots qui approchent le plus de la prononciation méridionale; par exemple dans les *è* qui précèdent les *ll* et *gn* qu'on nomme mouillés, comme dans : *bienveillance*, *peigne*, etc. Les consonnes *l* et *n*, en fermant l'expiration, font un effet à peu près semblable à celui que produit la voix *i*, venant après *è*. Mais pour se faire une juste idée de ces diphthongues, il faut entendre prononcer *ei* à Saint-Étienne (Loire), par exemple, dans ces mots : *bei tounei* (beau tonneau), et *ai* dans les montagnes voisines, par exemple dans le mot *faire* (verbe), que nous prononçons *fère*; ces deux diphthongues sont encore très-liées et ressembleraient assez à des voix simples et fermées, si ce n'était ce mouvement de mâchoire qui change les formes *à* et *è* en la forme *i* pendant l'expiration.

Quant aux consonnes, il en existe peut-être quelques-unes qui sont inconnues à la langue française, mais le nombre doit en être bien limité; car parmi les trente-deux consonnes usitées en Europe, suivant Volney, se trouvent les seize que nous avons admises pour la langue française, et les huit que nous avons rejetées, savoir : les deux grasseyements, les deux aspirations, et les *ll*, *gn*, *g* et *c* mouillés; les huit consonnes restantes sont le *w* belge, le *nga* indien, le *l* barré polonais, l'*ar* anglais, le *t* dur et le *t* doux anglais, l'*ich* allemand, et le *iota* espagnol.

Le *w* belge, dans l'exemple cité par Volney, peut bien être simplement un *u* prépositive de diphthongue dans *werven* ou *uerven*, qui étant prononcé après une pause, nécessite, comme dit Volney, un souffle léger semblable à une aspiration. Ce qui donne ici une teinte toute particulière et d'étrangeté à la voix *u*, c'est qu'elle est tout ensemble l'initiale d'un mot et la prépositive d'une diphthongue, circonstance qui ne se rencontre dans aucun mot français, et qui, si elle se rencontrait, nous ferait vraisemblablement prononcer notre *u* comme les Belges prononcent leurs *w*. Ne semble-t-il pas qu'on prononce *voui, vuit*, dans les mots *oui, huit ?*

Si l'on veut regarder comme des consonnes différentes des autres le *nga* indien, l'*ich* allemand et le *iota* espagnol, on peut aisément donner à chacune un caractère particulier dans l'écriture, l'Alphabet n'en sera que plus complet; mais, pour ce qui est de l'*l* barré polonais, de l'*ar* anglais, ainsi que des *t* dur et doux de la même nation, nous pensons que ce sont là simplement des variétés dans l'espèce, amenées le plus souvent par une prononciation différente dans la voix qui les accompagne pour former le son, comme les *d, t, s, z* dur et emphatique dont Volney parle dans sa Grammaire arabe, ainsi que les deux *p* de l'Alphabet arménien. Si cependant les diverses modifications des voix n'amènent point ces variétés dans

les formes et contacts de la même consonne, et que ce
ne soient là que des changements bien notoires propres à la consonne seule, il faut bien alors, de toute
nécessité, noter dans l'écriture ces diverses modifications des consonnes. On pourrait, pour cela, employer les accents dont nous avons parlé dans la
Prosodie; cependant, comme les nations qui se servent de ces espèces de consonnes ne s'accommode-
raient pas aussi bien de ces accents, on ferait mieux
d'user de caractères différents, mais analogues à ceux
affectés pour les consonnes dont elles se rapprochent
le plus.

On trouverait peut-être encore, dans les consonnes
des divers dialectes de nos départements, quelques
variétés semblables à celles dont nous venons de parler; par exemple, on remarque chez les habitants
d'Ambert (Puy-de-Dôme) un *t* doux dans le mot
chandelle qu'ils prononcent *tianguiala* : chez eux, les
formes *d* et *g* se rapprochent encore beaucoup dans
certains mots, et leurs contacts sont aussi plus faibles : il faut quelquefois prêter l'oreille avec beaucoup
d'attention pour distinguer laquelle de ces deux consonnes *d* ou *g* on a entendu prononcer ; mais il faut
observer que ces prononciations, en quelque sorte
faibles et incertaines, ne sont, le plus souvent, telles
que par l'effet de la rencontre de diphthongues dont
la prépositive est l'*i*, et qui forment syllabes avec ces
consonnes.

On peut remarquer que parmi les consonnes, il en

est comme les labiales et les labio-dentales, telles que *b*, *p*, *m*, *v*, *f*, qui ne peuvent pas varier aussi facilement leurs formes, tandis que les linguales et les gutturales, telles que *d*, *t*, *r*, *g*, *c*, etc., peuvent les varier infiniment plus. Aussi n'est-ce que dans ces dernières consonnes qu'on trouve très-souvent de la différence dans la prononciation d'un pays à l'autre.

Les peuples dont les sons de la voix semblent être les plus étrangers à notre langue sont, au dire des voyageurs, les Chinois et les Hottentots. On rapporte des premiers, qu'ils ont cinq tons ou accents qui donnent des valeurs extrêmement différentes aux mêmes mots. A l'égard des Hottentots, Pline et Hérodote ont écrit que leur langage ressemblait au gloussement des dindons, aux cris d'une pie, aux huées d'un chat-huant. Le Vaillant qui rapporte ceci dans son Voyage en Afrique (tome II, page 102), ne trouve chez ce peuple que trois espèces de clappements qui semblent faire dans leur langue le même office que les divers tons dans celle des Chinois. Par exemple, en langage hottentot, *áap* signifie *cheval*, *rivière*, ou *flèche*, suivant l'espèce de clappement dont on s'est servi avant ce mot.

L'aperçu qui précède a pu convaincre nos lecteurs qu'un petit nombre de caractères serait suffisant pour composer un Alphabet vraiment universel ; mais il faudrait n'admettre, par exemple, des caractères différents que pour les voix qui seraient réellement bien différentes des voix connues, et qui cependant pourraient subir les mêmes modifications ; et, quant aux consonnes, il faudrait aussi n'admettre des caractères différents que lorsqu'il serait bien constaté que, pour prononcer ces consonnes, il faut une situation d'organes différente de celle des consonnes connues, et que cette situation d'organes ne dépend point seulement des voix qui suivent ou précèdent ces consonnes dans le même son. On pourrait néanmoins, selon les cas, admettre quelque variété dans les caractères destinés aux consonnes, afin d'éviter l'emploi des accents pour cette espèce de lettres; et enfin il nous semble qu'on pourrait reléguer l'aspiration forte des Arabes, avec les tons chinois et les clappements hottentots, dans la classe des accents.

On trouvera, planche 3ᵉ et dans l'ordre marqué ci-dessous, 13 caractères différents de ceux qui sont nécessaires pour bien représenter les sons de la langue française.

Voix prononcées dans quelques patois du midi de la France.	1	*oun*	dans *boun*.
	2	*iin*	dans *vin*.
	3	*uun*	dans *uun*.
	4	*óou*	dans *ó vó*.
Consonnes étrangères.	5	*t*	doux anglais.
	6	*t*	dur anglais.
	7	*ch*	allemand.
	8	*iota*	espagnol.
	9	*l*	barré polonais.
	10	*r*	parisien ou provençal, à gr. nomb. de vibrations.
	11	*r*	lyonnais.
	12	*r*	anglais.
	13	*nga*	indien.

Arrivés au bout de notre Essai, une réflexion nous frappe ; plus d'un lecteur ne manquera pas de s'écrier : Voilà d'excellents projets, mais quand les verrons-nous se réaliser ? A cela nous répondrons : Volney et M. Destutt de Tracy sont l'un et l'autre de véritables Christophe Colomb. Ils ont rêvé un nouveau monde qui se découvrira plutôt qu'on ne se l'imagine, et dont la découverte fera faire autant de progrès à la civilisation dans les siècles futurs que la boussole, l'Amérique et l'imprimerie lui en ont fait faire dans les siècles passés. Il faut espérer aussi qu'au moyen de cette découverte l'industrie et le commerce accroîtront l'aisance des peuples, en répandant partout l'instruction ; car, quoique la cupidité se soit mêlée trop souvent à ses entreprises, il faut convenir que le commerce a bien mérité de l'humanité ; semblable à l'astre bienfaisant qui nous éclaire, il vivifie tous les peuples ; il multiplie les relations amicales qui les unissent, malgré les différences de leurs mœurs, de leur caractère et de leurs religions ; il est un puissant véhicule de lumières, d'indépendance et de civilisation. C'est au génie du commerce qu'on attribue l'invention de l'Alphabet ; ce sera un jour encore à ce même génie qu'on devra vraisemblablement la propagation d'un Alphabet universel, lequel, aidé de l'imprimerie, fera faire des progrès aussi rapides à l'espèce humaine que l'informe Alphabet phénicien lui en a fait faire de lents et même de rétrogrades entre les mains des moines dans les temps d'ignorance et de barbarie. Cette espérance ne paraîtra pas chimérique, si l'on considère combien la face du globe est changée depuis quatre siècles par le seul effet des relations progressives du commerce. Un nouveau monde découvert, occupé aujourd'hui à se donner des lois sages, et recevant dans ses ports toutes les nations ; la navigation perfectionnée et affrontant les dangers des plus longs voyages ; presque toutes les mers et les côtes sondées et reconnues ; cette même navigation s'apprêtant encore à braver les plus rudes tempêtes sans le secours des voiles ; un peuple de noirs libre, indépendant, gouverné par des lois équitables, et qui ne tardera point à porter les lumières dont il jouit au centre de cette Afrique barbare où il a pris naissance ; la nation la plus riche, la plus industrieuse, et qui doit tout à son commerce, l'Angleterre, possédant des colonies immenses sur tous les points du globe ; là, détruisant les rajahs, tyrans des peuples ; là, donnant des terres à cultiver aux criminels qu'elle expulse de son sein ; partout répandant la morale pure et simple de l'Évangile, et apprenant à tous les peuples de l'univers, par son exemple, que l'indépendance et le bonheur sont les fruits du travail : tels sont les admirables résultats du mouvement imprimé depuis quatre siècles à l'Europe par le génie des arts et du commerce. Il faut espérer qu'il ne sera point long à paraître le jour où les lumières et la civilisation établies solidement sur plusieurs points éminents de l'Asie, de l'Amérique, de la Nouvelle-

Hollande et même de la vieille Afrique, subjugue-
ront l'ignorance, et l'enchaîneront pour toujours dans
ses antres ténébreux. Espérons que, malgré les éner-
gumènes qui s'efforcent de nous ramener le règne de
la sottise et de la barbarie, les siècles à venir mar-
cheront à pas de géant vers le perfectionnement moral de l'homme. Déja nous voyons la savante Société
asiatique de Calcutta placée au centre des pays les
plus anciennement civilisés, débrouiller tous les jours
le chaos des langues primitives des plus anciens peuples, pénétrer le sens des plus vieilles traditions, et
en ôter la rouille que le temps, la tyrannie et la su-
perstition y ont attachée. Munie d'un Alphabet universel, cette Société sera un jour comme un grand
foyer de lumières ; elle éclairera les cent peuples divers qui l'entourent, entera les connaissances euro-
péennes sur les quarante siècles d'expérience de la
Chine et des Indes ; répandra, dans tous les états de
l'Orient, une des plus parfaites et des plus riches
langues de l'Europe. On verra ces peuples régénérés
augmenter rapidement leurs richesses et leur bonheur, et fonder à leur tour des colonies dans les pays
barbares qui les entourent, comme on voit déja les
États-Unis envoyer des colons en Afrique. Le monde
entier, alors lié par le commerce, l'instruction, et par
un petit nombre de langues facilement apprises, ne
formera plus qu'une grande famille dont tous les
membres, connaissant l'humanité et pratiquant la
justice, rendront les mêmes actions de grace à l'éter-

nel auteur de l'ordre universel, en s'aimant et s'ai‑
dant les uns les autres, au lieu de s'entre-détruire
comme ils faisaient jadis dans les temps de fanatisme
et de barbarie.

FIN.

TABLE.

ESSAI
SUR LA COMPOSITION D'UN NOUVEL ALPHABET.

PREMIÈRE PARTIE.

DEUXIÈME PARTIE.

TROISIÈME PARTIE.